Daniela Guex-Joris, Marta Tasnady,
Erika Basin und Michèle Sandoz

Die Schildkröte erreichte das Abendland

Fengshui in Alltag, Haus und Garten

Illustrationen: Imre Tasnady

Fachverlag für
Garten und Ökologie

OLV Organischer Landbau Verlagsgesellschaft mbH

Die Deutsche Bibliothek – CIP-Einheitsaufnahme
Guex-Joris:
Die Schildkröte erreichte das Abendland. – Xanten: OLV, Organischer Landbau Verl. 1999
ISBN 3-922201-28-8

Alle Angaben in diesem Buch sind sorgfältig geprüft und geben den neuesten Wissenstand der Autoren bei der Veröffentlichung wieder. Eine Haftung der Autoren bzw. des Verlages und seiner Beauftragten für Personen-, Sach- und Vermögensschäden ist ausgeschlossen.
Das Werk einschließlich aller seiner Teile ist urheberrechtlich geschützt. Jede Verwertung außerhalb der engen Grenzen des Urheberrechtgesetzes ist ohne Zustimmung des Verlages unzulässig und strafbar. Das gilt insbesondere für Vervielfältigungen, Übersetzungen, Mikroverfilmungen und die Einspeicherung und Verarbeitung in elektronischen Systemen.

In neuer deutscher Rechtschreibung

© 1999 OLV Organischer Landbau Verlag GmbH, Postfach 11 39 D-46500 Xanten,
Telefon 0 28 01-7 17 01, Telefax 0 28 01-7 17 03.
Druck: Interpress

ISBN 3-922201-28-8

Fordern Sie bitte unverbindlich unseren Verlagsprospekt an!

Inhalt

Vorwort   **5**

Die Schildkröte macht sich auf den Weg   6
Fengshui zwischen Ost und West   **7**
Allheilmittel oder Aberglaube? – Die Welt verstehen – Wind und Wasser – Die Teile und das Ganze – Die Reise in den Westen – Der Meister und das Internet – Philosophie und Alltag – Warum es wirkt

Die Geschichte des Fengshui   **15**
Das nährende Fundament – Eine Lehre entsteht – Die beiden Schulen

Die Schildkröte passt sich an   18
Die Bausteine des Fengshui   **19**
Das Bedürfnis nach Strukturen

Die beiden Urpole   **22**
Yin und Yang – Urkräfte im Wandel – Im Spiegel des Umfeldes – Yin und Yang im Haus und Garten – Das ausgleichende Prinzip

Der Lebensatem und sein Gegenspieler   **31**
Die Lebenskraft Qi – Im Großen wie im Kleinen – Der Qi-Fluss – Qi wahrnehmen – Das Qi des Menschen – Die Schattenseite des Qi – Die Energie ist zu intensiv – Die Energie stagniert – Sha vermeiden

Die fünf Energieformen   **47**
Die chinesischen fünf Elemente – *Holz* - das kleine Yang – *Feuer* - Das große Yang - *Erde* - die Mitte – *Metall* - das kleine Yin – *Wasser* - Das grosse Yin – Der Elementenzyklus – Elemente im Alltag – Zuordnungen – Das Haus und seine Umgebung – Schulung der Wahrnehmung

Die fünf Tiere   **61**
Den richtigen Platz finden – Die vier Richtungen – Die fünf Tiere in der Landschaft – Hinten und Vorne – Die fünf Tiere zu Hause

Die acht Richtungen   **69**
Ein universelles Raster – Die Kompass-Schule – Die acht Trigramme – Verbindungen im Hintergrund – Die Lebensbereiche – Die innere Ordnung – Das kosmische Achteck –

Subtile Energieströme – Die leere Mitte – Sonne und Nordpol – Die Himmelsrichtungen – Die Himmelsrichtungen im Bagua – Das drehende Rad – Die entscheidende Frage – Die persönliche Richtung – Von der Pforte aus

Die Kraft der inneren Bilder   **95**
Assoziation – Namen – Symbole – Persönliche Symbole – Symbole in verschiedenen Kulturen – Kulturübergreifende Symbole – Symbole in Gärten – Die Bausteine des Fengshui

Die Schildkröte sieht sich um   **111**
Gärten im Spiegel des Fengshui   **112**

Chinesische Gärten   **112**
Geschichte – Ästhetik und Komposition – Eingang: Übergang zwischen Alltag und idealem Raum – Erstes Hindernis: die Felswand – Wasser ist Atem und Blut der Erde – Felsen sind die Knochen der Erde – »Wo Berge sind, muss Wasser in der Nähe sein« – Über Steine hüpfen oder sich über Brücken wagen – Insel der Unsterblichen: Wo Träume wahr werden – Erklimmen des Gipfels – Rückkehr in die Geselligkeit: Die Funktion der Architektur – Mauern – Chinesische Gärten heute – Chinesische Gärten im Abendland?

Gärten in Europa   **129**
Gärten im Mittelalter – Renaissancegärten – Der Barockgarten – Der englische Landschaftsgarten – Gärten in der Vor- und Nachkriegszeit – Gärten heute – Das Pendel der Zeit

Die Schildkröte erreicht das Abendland   **146**
Der eigene Garten, das eigene Haus   **147**
Unser kleines Universum – Vom Menschen belebt – Im Rahmen des Möglichen – Fengshui endet nicht beim Gartenzaun

Schlusswort   **155**
Schlusswort der Autorinnen – Ein Buch - vier Autorinnen – Danksagungen

Literatur   **158**

Vorwort

Wozu noch ein Fengshui-Buch? Eine berechtigte Frage, die uns viele Leute gestellt haben. »Fengshui« ist im Europa der 90er Jahre beinahe zu einem Modebegriff geworden. Der Büchermarkt ist von einer Flut an Publikationen überschwemmt und Fengshui-Seminare sind heute aus dem Angebot größerer Weiterbildungsinstitutionen nicht mehr wegzudenken. Und doch, jedes Buch trägt seine Handschrift und stellt ein Thema auf seine Weise dar.

Was zeichnet das vorliegende Buch aus? Die Lektüre soll den Leser anschaulich und lebendig in das Grundwissen des Fengshui einführen und ihm zeigen, wie tiefgründig und aufschlussreich diese alte Lehre ist und bis in unsere Zeit hinein ihre Gültigkeit bewahrt hat. Dabei legen wir großen Wert auf die westliche Betrachtungsweise der Lehre. Viele eigene Überlegungen sind in die Texte eingeflossen. Sie sind Ausdruck einer jahrelangen Auseinandersetzung mit einem weitgespannten Thema, der Begegnung zwischen Ost und West.

Auf das Zusammentragen von Fengshui-Rezepten haben wir bewusst verzichtet. Nicht nur, weil darüber genügend Literatur zur Verfügung steht, sondern weil uns ein anderer Aspekt besonders am Herzen liegt: Die Beschäftigung mit dem Fengshui trägt in ausgezeichneter Weise zur Schulung der eigenen Wahrnehmung und Intuition bei. Es verhilft zu einer Sensibilisierung gegenüber der Umwelt und zu neuen Wertvorstellungen. Im Buch finden sich aber auch viele nützliche Ideen und praktische Hinweise, die der Leser bald anwenden kann.

Wer steht hinter dem Buch? Das Buch ist ein Gemeinschaftsprojekt von vier Autorinnen unterschiedlicher Fachrichtungen. Die beiden Architektinnen und Fengshui-Beraterinnen Daniela Guex-Joris und Marta Tasnady zeichnen für den Hauptteil des Buches, die Landschaftsarchitektin Erika Basin für das Kapitel der europäischen Gärten und Michèle Sandoz, Expertin für ostasiatische Kunst und Sinologin, für das Kapitel der chinesischen Gärten. Besonders befruchtend empfanden wir die vielen Gespräche und den regen Austausch untereinander. Jeder Text wurde von allen überarbeitet, ergänzt und redigiert. So konnte das Wissen und die Erfahrung aller vier Autorinnen in jedes Kapitel einfliessen.

An wen richtet sich das Buch? Wir empfehlen das Buch jedem interessierten Laien, der sich in das Thema einführen will, dem Leser, der schon einiges weiß und vertiefen will und schließlich dem Fengshui-Experten, der neugierig ist, wie es die anderen betrachten.

Wir wünschen unseren Lesern viele neue Einsichten und Freude am Fengshui.
Die Autorinnen

Die Schildkröte macht sich auf den Weg

Vor langer, langer Zeit saß ein alter weiser Mann am Ufer des großen Flusses im Norden von China. Mit geschlossenen Augen dachte er in tiefer Versunkenheit über den Gang der Dinge zwischen Himmel und Erde nach. Plötzlich hörte er eine innere Stimme. Sie hieß ihn seine Augen zu öffnen. Er gehorchte und sah eine Schildkröte aus dem Wasser steigen. Sein Blick blieb an den Zeichen ihres Panzers hängen. Da erkannte er den Schlüssel zum Verständnis der Welt.

    Die Schildkröte hatte bis dahin ein bescheidenes Leben geführt, nie war ihr etwas Nennenswertes widerfahren. Dieser Augenblick veränderte ihr Leben. Sie war glücklich und stolz. Sie hatte einem bedeutenden Mann zu einer großen Erkenntnis verholfen. Als Trägerin der Botschaft machte sie sich auf den Weg und lief der untergehenden Sonne entgegen.

Fengshui zwischen Ost und West

Allheilmittel oder Aberglaube?

Paul und Martina sind schon lange zusammen. In den letzten Jahren hat sich ihre Beziehung merklich abgekühlt. Beide sind sehr in ihre berufliche Tätigkeit eingespannt und nebst Haushalt und sonstigen Verpflichtungen bleibt kaum mehr Zeit und Energie für Gemeinsamkeiten, worüber beide unglücklich sind. Nach einer Fengshui-Beratung installieren sie in der Ecke ihres Gartensitzplatzes eine helle Aussenlampe und bringen in ihrem Wohnzimmer einen großen Spiegel an. Die gemeinsam verbrachten Feiertage zu Hause bringen Auftrieb. Trotz des ausgefüllten Alltags finden sie wieder Zeit, regelmäßig zusammen auszugehen und ihre Beziehung verbessert sich zunehmend.

Solche und ähnliche Geschichten hören wir immer wieder im Zusammenhang mit dem Fengshui. Was hat es mit diesen Erzählungen auf sich? Was ist diese geheimnisvolle Lehre, ein magisches Allheilmittel oder eine Sammlung überlieferten Aberglaubens aus dem asiatischen Raum? Im Westen erfreut sich das Fengshui einer wachsenden Beachtung und Beliebtheit. Was ist an dieser alten Lehre, die aus einer so fernen und fremden Kultur stammt, so aktuell und interessant?

Vertiefen wir uns in dieses weite Gebiet, erschließt sich uns bald eine faszinierende Gedankenwelt. Wir entdecken, dass es darin um die Frage geht, wie der Mensch am besten seinen Platz zwischen Himmel und Erde finden kann. Und dies schließt natürlich die Betrachtung von Landschaften, Städten, Häusern und Räumen mit ein. Gleichzeitig begegnen wir einem System voller Richtlinien und Anweisungen. Die einen sind so einleuchtend, dass wir sie gleich in die Praxis umsetzen, andere verwirren uns in ihrer Widersprüchlichkeit, wieder andere erscheinen uns so exotisch, dass wir uns kaum vorstellen können, sie je anzuwenden. Es ist wichtig, dass wir nicht auf der Ebene der mehr oder weniger nachvollziehbaren Rezepte des Fengshui hängen bleiben. Ihm liegt eine reiche Symbol- und Bildersprache aus einer alten, östlichen Kultur zu Grunde. Finden wir Zugang zu dieser, können wir die alten Weisheiten schätzen lernen und sie in unsere eigene Kultur integrieren.

Die Wanderung der kleinen Schildkröte begleitet uns durch dieses Buch. Es ist eine erfundene Geschichte, die bildhaft erzählt, wie eine Lehre entsteht, sich wandelt, überdauert und sich verbreitet.

Ihr Anfang gründet in einer Legende der alten chinesischen Kultur. Fuxi, der vor 5000 Jahren gelebt haben soll, wurde am Fluss Lo beim Anblick einer kleinen Schildkröte erleuchtet. Heute wird er als einer der Kulturheroen der frühen chinesischen Literatur betrachtet. In den chinesischen Schriften wird er sogar als Herrscher des hohen Altertums charakterisiert. Mit seinen Erkenntnissen soll er die acht Trigramme und das Bagua erfunden haben. Diese bildeten später die geistige Grundlage des Yijing, des alten chinesischen Orakel- und Weisheitsbuches, auf das auch das Fengshui aufbaut.

Die Welt verstehen
Über alle Zeiten und Kulturen hinweg haben die Menschen versucht, die schillernde und unfassbare Vielfalt unserer Welt zu verstehen. Zeigt sie sich in erhabener Schönheit und lebendiger Kraft, fühlen wir uns angeregt, ergriffen und in unserem Sein bestätigt. Tritt sie uns in abschreckender Hässlichkeit und lebensvernichtender Härte entgegen, fühlen wir uns verwirrt, verletzt und in unserem Sein erschüttert.

Schon immer haben die Menschen ihre Umwelt beobachtet, Schlussfolgerungen gezogen und Ordnungsprinzipien definiert. Diese halfen ihnen die Gesetzmässigkeiten der Natur, denen sie sich unterworfen sahen, zu erkennen und somit auch ihr eigenes Dasein besser zu begreifen. Es entstanden Religionen, Philosophien und praktische Lebensweisheiten, die nicht nur zum Verständnis der Welt beitrugen, sondern auch dazu, das Zusammenleben der Menschen zu strukturieren.

Auch das Fengshui gibt Antworten auf die Fragen, welche Gesetze die Welt regieren und wie sich ein Leben im Einklang mit ihnen gestalten lässt. Gelingt es uns Menschen uns in die Gesetzmässigkeiten der Natur einzufügen, schaffen wir die besten Voraussetzung für Gesundheit und Wohlergehen. Im Fengshui finden wir Denkmodelle, die erklären, wie sich das Lebensprinzip manifestiert, und Anweisungen, wie wir Menschen es uns am besten zu Nutze machen. Doch die entscheidende Frage, was denn hinter allem Leben steht, bleibt auch hier unbeantwortet.

Alte östliche Weisheiten kommen modernsten, wissenschaftlichen Erkenntnissen unseres Jahrhunderts erstaunlich nahe. Es ist die Rede vom fließenden Übergang zwischen Materie und Schwingung, von Energien im ständigen Austausch und Wandel, von mathematischen Ordnungen, innerhalb denen sich das Leben abspielt.

Wind und Wasser
風水 Das Wort Fengshui setzt sich in der chinesischen Sprache aus zwei Schriftzeichen zusammen. In jeder Sprache gibt es zusammengesetzte Worte. Die Hosenträger, der Webstuhl, der Garantieschein sind Worte, bei denen zwei Begriffe zusammengehängt werden um einen Inhalt auszudrücken. Es gibt aber auch Worte, bei denen durch Verknüpfung von zwei Begriffen ein neuer, meist übertragener Sinn entsteht, wie beispielsweise Muskelkater und Mauerblümchen.

Im Wort Fengshui sind die beiden Begriffe Wind und Wasser miteinander verknüpft. Im Westen haben sich die Schreibweisen Fengshui und die Übersetzung »Wind und Wasser« durchgesetzt. Genau genommen aber heißt es »Windwasser«. In neueren Umschriften werden Begriffe, die sich aus zwei chinesischen Schriftzeichen zusammensetzen, in einem Wort geschrieben. Bestimmt kommt die Schreibweise »Fengshui« der Verwendung des Wortes in der chinesischen Sprache näher. Die beiden Begriffen werden stets in einem Atemzuge genannt und gehören untrennbar zusammen. Die Autorinnen haben sich deshalb dazu entschlossen, die moderne Schreibweise zu verwenden.

In den Begriffen Wind und Wasser spiegeln sich zwei der grundlegendsten Bedingungen für das menschliche Leben. Ohne Luft kann der Mensch nur wenige Minuten, ohne Wasser nur wenige Tage überleben. Wind und Wasser sind aber auch treffende Bilder für die grundlegenden Gedanken des Fengshui.

Verweilen wir ein wenig bei den beiden Begriffen: Was ist Wind, was ist Wasser? Wind entsteht, wenn sich die Luft bewegt. Die Bewegung ist für unsere Augen nicht sichtbar, wir erkennen sie erst an ihrer Wirkung. Wir spüren den Wind auf unserer Haut, wir hören ihn durch die Bäume pfeifen, wir sehen die Haare eines Mädchens im Winde tanzen. Wind kann sehr verschieden sein. Er ist die heftige Böe vor dem Gewitter, die eisige Brise aus dem Norden, das laue Lüftchen an einem schönen Sommerabend und der unangenehme Luftstrom einer schlecht eingestellten Klimaanlage.

Wasser ist eine chemische Verbindung, die sich in ebenso vielfältiger Weise zeigen kann. Wasser ist der Hagel, der vom Himmel fällt, der unsichtbare Dampf in der Luft und der dichte Nebel im Tal. Es steht als Mineralwasser auf unserem Tisch, türmt sich als Wolke am Himmel und formt sich als Tautropfen auf einem Blatt. Im Gegensatz zum Wind können wir viele der Erscheinungsformen des Wassers unmittelbar wahrnehmen. Wir sehen die Pfütze am Boden, wir hören den Regen an das Fenster prasseln und spüren die wohlige Wärme der Thermalquelle.

Die Kräfte, die unsere Welt regieren, zeigen sich auf ähnliche Weise wie der Wind und das Wasser. Mit Fengshui wird die sinnlich wahrnehmbare Welt auf dem Hintergrund einer abstrakten Ordnung beschrieben. Es ist die Welt der Energieformen, der Ordnungen und der Zahlen, die erst fassbar wird, wenn sie sich in der Welt der Materie und Schwingungen manifestiert. Sie zeigt sich als Palette aller möglichen Erscheinungsformen, die so farbig und unübersichtlich sind, dass sich die Grundprinzipien darin kaum mehr erkennen lassen.

Die Teile und das Ganze

Die Lehre des Fengshui versucht die Verbindung herzustellen zwischen der klaren und überblickbaren Ordnung hinter den Dingen und dem schöpferischen Chaos unserer vordergründigen Welt. Der Mensch wird als Teil eines Universums verstanden, das als Ganzes den gleichen Gesetzmässigkeiten gehorcht, wie der kleinste Teil in ihm. So ist alles auf dieser Welt vom unendlich Kleinen bis zum unendlich Großen miteinander verbunden. Eine Zelle ist Teil eines Organs, ein

Organ Teil eines Körpers, ein Mensch Teil einer Familie, eine Familie Teil einer Dorfgemeinschaft. In jedem Ausschnitt, den wir betrachten, erkennen wir die gleichen Grundgesetze. Da alles mit allem verbunden ist, jeder Teil ein Teil eines größeren Ganzen ist, wirkt sich eine Veränderung auf vielen Ebenen gleichzeitig aus. Bereiche, die in unserem westlichen Denken losgelöst voneinander existieren, treten plötzlich miteinander in Beziehung.

Nach Fengshui kann eine Ecke, die im Grundriss unseres Hauses fehlt, sich auf unsere Finanzen, die neue farbige Einrichtung auf unsere Gesundheit auswirken. Dies, weil die Hausform und die Farben bestimmte Grundenergien ins Schwingen bringen, die wir auch in einem entsprechenden Lebensbereich oder Körperteil finden. Ob diese harmonisch oder disharmonisch, günstig oder ungünstig sind, stocken oder fließen, sind Fragen, welche die Fengshui-Schulen seit Jahrhunderten beschäftigen. Die Antworten darauf haben nicht nur zu verschiedenen, interessanten Theorien geführt, sondern auch zu einer schillernden Vielfalt an praktischen Ratschlägen.

Die Reise in den Westen
Über viele Jahrhunderte hinweg war das Fengshui ein integrierter Bestandteil der chinesischen Kultur. Im Zuge der ideologischen Neuorientierung wurde es in der Volksrepublik China verboten. Vieles überlebte im Versteckten, vieles ging jedoch in den letzten Jahrzehnten verloren.

In den asiatischen Ländern mit einer eigenen, chinesischen Kultur und in europäischen Kolonien Asiens lebte das Fengshui weiter. In den letzten Jahren ist in den Medien des Westens immer wieder vom Fengshui in Hongkong berichtet worden. Das alles überragende, dreieckige Bankgebäude, das mit seinen scharfen Kanten geheime Pfeile auf die umliegenden Gebäude schleudert und das langgestreckte Wohnhochhaus am Fuss eines Hügels, das mit einem beachtlichen Loch in der Fassade dem Bergdrachen den Blick aufs Meer ermöglicht, sind zu weltbekannten Wahrzeichen für das Fengshui geworden.

Das Fengshui ist in Hongkong allgegenwärtig und unumgänglich. Keine Firma kann ein neues Bürohaus einrichten, kein Architekt einen Bau realisieren, ohne dass ein Fengshui-Experte die Pläne gutgeheißen hat. Wer Wohnhäuser mit ungünstigem Fengshui verkaufen oder Geschäfte in einem Haus mit ungünstigem Fengshui-Standort und schlechtem Eingang tätigen will, wird Mühe haben, Käufer zu finden und das Vertrauen seiner Kunden zu gewinnen.

Eines der ersten Dokumente über das Fengshui gelangte Ende des letzten Jahrhunderts durch den englischen Missionar Joseph Eitel in den Westen. Als gläubiger Jesuitenpater fühlte er sich der kirchlichen Herkunft des Abendlandes verpflichtet. Er erstellte einen minutiösen Bericht über das Fengshui, in dem er zeigen wollte, welch heidnischer Glaube dahinter steht und wie tief dieser in der Bevölkerung verwurzelt ist. Es gelang ihm aber nicht zu verstecken, wie stark ihn das Fengshui doch beeindruckte und welchen Respekt es ihm trotz seines christlichen Glaubens abverlangte.

Mit der Auswanderungswelle, die vor allem in diesem Jahrhundert viele Menschen aus China und den angrenzenden Ländern nach Amerika führte, kam das Fengshui in den Westen. In den chinesischen Kreisen blieb es ein lebendiger Teil der mitgebrachten und in der Ferne weiter gepflegten Kultur.

Im letzten Jahrzehnt ist in Amerika das Interesse am Fengshui weit über die chinesischen Kreise hinausgewachsen. In der Folge davon erreichte es auch Europa, wo es sich in den letzten Jahren sehr verbreitet hat. Viele der ersten Fengshui-Bücher stammen aus dem amerikanischen oder englischen Sprachraum und waren nur in der Originalsprache erhältlich. Heute finden wir in Europa Fengshui-Bücher in vielen Sprachen, von Autoren aus den verschiedensten westlichen und östlichen Ländern.

Der Meister und das Internet

Interessieren wir uns für das Fengshui, bietet sich uns ein beachtliches Angebot an Büchern und Seminaren an. Haben wir unsere anfängliche Ratlosigkeit überwunden, werden wir mit der Lektüre von Büchern beginnen, die uns ansprechen, oder uns mit einer im Fengshui erfahrenen Person auf den Weg begeben. Gehen wir dann voller Enthusiasmus und zielgerichtet unser neues Interesse an, tut sich uns ein weites Feld auf. Und schon bald holt uns die anfängliche Verwirrung erneut ein, nur diesmal ein wenig anders. Im ersten Buch finden wir die eine Theorie und die einen Empfehlungen, im zweiten die anderen und im dritten wird allem Bisherigen widersprochen. Ähnlich geht es uns bei unseren Lehrern. Was der eine erzählt, wird vom anderen im Brustton der Überzeugung verworfen.

Lassen wir uns aber nicht beirren, werden sich uns mit der Zeit doch gewisse Grundideen einprägen, die wir überall antreffen, und allmählich wird uns die Denkweise des Fengshui vertrauter werden

Die babylonische Vielfalt, die über das Fengshui hier im Westen herrscht, ist ein prägnanter Ausdruck unserer modernen Zeit. Wir empfinden es als selbstverständlich, über Ereignisse informiert zu werden, die am selben Tag weit weg von uns stattfinden. Bücher werden in alle Sprachen übersetzt, wir erhalten Zeitungen und Zeitschriften aus der ganzen Welt. Wir sehen uns Filme an, die mit Untertiteln versehen oder synchronisiert zur selben Zeit in entfernten Ländern laufen. Und seit jüngster Zeit sind wir elektronisch mit der ganzen Welt verkabelt. Menschen und Wissen aus den verschiedensten Kulturen stehen uns zumindest auf dem Bildschirm frei zur Verfügung.

Wie anders geschah die Vermittlung von Wissen im alten, traditionellen China. Die Fengshui-Lehren wurden als Geheimnisse gehütet, in patriarchalischer Weise im engen Familienverband über Generationen von Vater zu Sohn oder von Meister zu Schüler weitergegeben. Ohne Widerrede übernahm der Lernende das Wissen und die Weltanschauung einer festen Bezugsperson, hatte über Jahre Zeit, sich deren Erfahrungen anzueignen und innerhalb eines festgefügten und vertrauten Rahmens allmählich einen eigenen Standpunkt auszubilden. Später wandelte er vielleicht einiges von dem wieder ab, was er im Verlaufe seiner Lehrzeit übernommen hatte. Sei es, weil er aus seinen eigenen Erfahrungen und Überlegungen andere Schlüsse gezogen oder sich im Austausch mit anderen Wissenden von anderen Anschauungen hatte überzeugen lassen.

Wurde der Rat eines Fengshui-Meisters eingeholt, war es keine Frage, dass die Bewohner seine Anweisungen ohne weitere Erklärungen und mit Respekt entgegennahmen. Er genoss ein hohes, gesellschaftliches Ansehen, seine Kompetenz war anerkannt und wurde entsprechend honoriert.

Wir Menschen im Westen empfinden es heute als selbstverständlich, beim Prozess des Lernens mitzubestimmen, wie und was wir lernen wollen, und dem Lehrer wie auch dem Lehrstoff gegenüber kritisch zu bleiben. So werden wir auf unserem Weg in die Welt des Fengshui nicht darum herumkommen, lernend mit der zeitgemäßen Fülle an Wissensangeboten umzugehen und in westlicher Weise durch Vergleiche, Beurteilungen und eigenständigem Denken unser eigenes Fengshui zu gestalten.

Philosophie im Alltag
Auch wenn die Philosophie hinter der Lehre des Fengshui umfassend und hochinteressant ist, liegt seine Bedeutung wohl in seiner vielfältigen Anwendung im Alltag. Immer werden die abstrakten Theorien in Bezug zum Alltag gebracht oder entstehen sogar aus den Beobachtungen des täglichen Lebens. Gerade diese Verknüpfung von Philosophie und Alltag verleiht dem Fengshui einen lebensnahen, pragmatischen Aspekt und ist sicher einer der Gründe, warum diese alte Lehre sich über Jahrhunderte erhalten hat und sich so großer Beliebtheit erfreut.

Vieles, was früher dem Wirken höherer Kräfte zugeschrieben wurde, kann heute rational und logisch erklärt werden. Wir Menschen können die Vorgänge der Natur besser nachvollziehen und haben unsere Umwelt, zumindest vordergründig, mehr unter Kontrolle. Mit der Zunahme der rationalen Erkenntnisse bleibt das Staunen über Wunder immer mehr den Kindern und das magische Denken ethnischen Minderheiten oder überzeugten Esoterikern vorbehalten.

Die Frage ist allerdings, ob das Bedürfnis in uns nach dem Unerklärlichen und dem Glauben an Wunder nicht zu kurz kommt und unter anderem in der Zuwendung zu exo-

tischen Lehren im Stillen doch seine Blüten treibt. Der Aufschwung des Fengshui im Westen mag ein Ausdruck davon sein, dass wir uns heute frei fühlen uns unsere eigene Weltanschauung zurechtzulegen. Er zeugt aber auch davon, dass das Fengshui die irrationale Gewissheit in uns bestätigt, dass es Kräfte gibt, die wir nicht benennen und erfassen können, die aber unser Leben mitbestimmen. Fengshui spricht unsere unausgesprochene Hoffnung an, Wege zu finden, um unser Schicksal zu unseren Gunsten zu beeinflussen. Wie verlockend erscheinen doch die Aussichten, mit einem glitzernden Kristall aus Fensterglas, den wir in der richtigen Ecke unserer Wohnung aufhängen, endlich den Mann fürs Leben zu finden, oder durch die Ausrichtung unseres Schreibtisches in die günstigste Himmelsrichtung, die bisher unerreichbare Karriereleiter zu besteigen.

Das Fengshui ist allerdings weit mehr als eine Rezeptsammlung von wunderwirkenden Zaubermitteln, auch wenn wundersame Ereignisse durchaus nicht auszuschließen sind. Seine Lehre ist eine Ansammlung von komplexen und differenzierten gedanklichen Modellen. Eingebettet in die chinesische Kultur, entstanden sie im Verlaufe der Jahrhunderte und wurden mit der Zeit erweitert und weiterentwickelt.

Warum es wirkt
Erfüllt sich unser Wunsch, freuen wir uns sicher darüber. Vielleicht stellt sich uns aber die Frage, was denn der Zusammenhang zwischen dem erfreulichen Ereignis und unserer Fengshui-Maßnahme ist. Hat unser Kristall auf geheimnisvolle Weise unsichtbare Kräfte in Bewegung gesetzt und in die für uns günstige Richtung gelenkt? Ist es ein reiner Zufall, dass unser Beförderungsgespräch gerade eine Woche, nachdem wir den Schreibtisch umgestellt haben, stattgefunden hat?

Indem wir einen Kristall aufhängen oder den Schreibtisch umstellen, verbinden wir unseren Wunsch mit einer Handlung, einem Gegenstand und einem Ort. Dies hilft uns unsere Absicht klarer und deutlicher zu spüren und uns immer wieder daran zu erinnern. Diese gedanklichen Impulse öffnen auch den Raum in unserem Innern, den es braucht, damit sich eine neue Idee verwirklichen kann. Inwieweit liegt der Erfolg am Kristall, inwieweit an unserer veränderten Haltung? Hätten wir statt dem Glaskristall ebenso das hübsche Glöckchen von unserer letzten Ferienreise aufhängen können?

In einem Seminar wurde einem chinesischen Fengshui-Meister die Frage gestellt, warum denn eine Straße, die direkt auf einen Eingang zuführt, nach Fengshui so ungünstig sei. Er verblüffte seine Zuhörer mit der Antwort, er wisse es auch nicht. Die Erfahrung aber habe gezeigt, dass ein solcher Eingang einen schädlichen Einfluss auf die Bewohner dieses Haus ausübe. Offensichtlich widerspreche diese Eingangssituation den Gesetzen der Natur und der Mensch tue in seinem eigenen Interesse gut daran, sich nach ihnen zu richten.

Im Fengshui sind Erfahrungen und Beobachtungen, welche die Menschen über Jahrhunderte gemacht haben, zusammengetragen. Wie geht es den Bewohnern eines Dorfes, das unterhalb einer steilen Felswand liegt? Wie wohnen Leute, die im Leben besonders erfolgreich sind, wie schläft es sich in einem Bett, das unter zwei sich kreuzenden Balken steht? Spielt der Zeitpunkt einer Handlung eine Rolle, gibt es Himmelsrichtungen, die dem einen Menschen besser bekommen als dem anderen?

Im Vordergrund stehen die Beobachtungen und Beschreibungen der Wirkungen, die von bestimmten Situationen, Handlungen und Gegenständen ausgehen. Oft fehlen die Erklärungen dazu, sind dürftig oder für unser westliches Denken nicht plausibel. Mit Recht stellen wir uns auch die Frage, ob diese alten, chinesischen Lebensweisheiten für uns moderne, westliche Menschen ebenso gelten. Was wurzelt in den damaligen Lebensumständen, was ist untrennbar mit der fremden Kultur verbunden, was entstammt einem volkstümlichen Aberglauben, was ist allgemeingültig?

Beschäftigen wir uns mit dem Fengshui, wird uns nichts anderes übrig bleiben, als viele dieser Fragen offen zu lassen. Wir können nachvollziehen, was einleuchtend erscheint, uns anspricht und können auf unsere innere Stimme hören. Immer aber sollten wir nach der Umsetzung suchen, die für unsere Zeit, unsere Kultur, vor allem aber für uns persönlich stimmt.

Die Geschichte des Fengshui

Das nährende Fundament
Die Fengshui-Lehre wurde anfangs, etwa ab dem 3. Jh. v. Chr., hauptsächlich für die Standortwahl von Grabanlagen und deren Ausrichtungen verwendet und erst einige Jahrhunderte später auch auf die Wohnstätten der Lebenden übertragen. Diese sollten sich in eine Landschaft einbetten, ohne die Harmonie der kosmischen Kräfte zu stören. Soziale und kosmische Ordnung galten im traditionellen China als Einheit. War diese gestört, hatte dies Auswirkungen auf die Befindlichkeit von Mensch und Gesellschaft.

Im chinesischen Denken besteht kein großer Unterschied zwischen der Behausung der Lebenden (Yang-Haus) und der Verstorbenen (Yin-Haus). Grundlage für die Entwicklung der Fengshui-Lehre war die Vorstellung, dass zwei Seelen im Mensch wohnen. Die hun-Seele ist die geistige Seele. Nach dem Tod verlässt sie den Körper und entschwindet zum Himmel. Die po-Seele ist die körperliche Seele. Sie bleibt im Körper des Toten, der ihr als Hülle und Haus dient, und genießt das gute Fengshui der Grabanlage. Da umherirrende po-Seelen den Lebenden Unheil bringen konnten, versuchte man sie an angenehme Orte, wie an gut situierte und reich ausgestattete Grabanlagen, zu binden. Die Ahnenverehrung ist äußerst zentral im Leben der Chinesen. Die Ahnen werden zum Teil auch zu Hause an kleinen privaten Ahnenaltaren verehrt und gewürdigt.

Im chinesischen Volksmund ist die Welt von unsichtbaren Dämonen erfüllt. Aus den Hausmodellen, welche die Chinesen schon früh ihren Verstorbenen ins Grab legten, lässt sich ablesen, wie sich die Architektur an die Natur anpasste. Beim Bau von Häusern und Gräbern musste vermieden werden, dass die Erde verletzt wurde, da sie, wie der menschliche Organismus, Blut, Venen, Muskeln, Haare und Atem besaß. Die Aufmerksamkeit der chinesischen Forscher und Philosophen lag im Vergleich zu ihren Zeitgenossen in Europa nicht etwa in der Betrachtung und Verherrlichung des menschlichen Körpers, sondern im Studium der Natur. Es ist deshalb verständlich, dass Fengshui als Lehre der Winde und des Wassers in Asien entwickelt wurde. Der Glaube, dass Wind, Wasser und kosmische Strömungen einen Einfluss auf die Landschaft und auf den Menschen ausüben können, existierte jedoch schon vor der Entwicklung der Fengshui-Lehre.

Eine Lehre entsteht
Der Begriff Fengshui bezeichnet heute die in China ungefähr seit dem 5. Jh. v. Chr. praktizierten Regeln, nach denen man Bauwerke in Beziehung zu ihrer natürlichen Umgebung setzte. Positive und Glück bringende Kräfte der Natur sollten optimal ausgenutzt, negative und Unheil bringende Kräfte vermieden werden. Diese Regeln waren aber damals noch nicht in einer einheitlichen Theorie zusammengefasst. Aus dem 3. Jh. v. Chr. sind Wahrsager bekannt, die sich mit der Standortwahl von Gräbern befassten. Sie wur-

den kanyu-Experten genannt. Das Wort »kan« bedeutet zudecken und das Wort »yu« tragen. Der Begriff kanyu bezieht sich im übertragenen Sinn auf den beschützenden Himmel und die tragende Erde. Er vermittelt uns, dass die Bewegungen der Himmelskörper das Schicksal der Menschen auf der Erde lenken und dass die Handlungen der Menschen ihrerseits die Himmelsgestirne beeinflussen.

Die Lehre dieses Systems wurde damals als dili bezeichnet und fand ihren ersten schriftlichen Niederschlag in dem Werk des Guan Le (209 bis 256 n. Chr.): »Die dili-Aufzeichnungen des Meisters Guan«. Der Begriff dili bedeutet wörtlich »Struktur der Erde« und wird heute mit dem Ausdruck Geographie übersetzt. Der Begriff Fengshui wird zum erstenmal in einem Werk aus dem Ende des 3. Jh. n. Chr. schriftlich belegt. Dieses Werk trägt den bezeichnenden Titel: »Das Buch der Beerdigungen«.

Die beiden Schulen

Die Form-Schule ist ca. im 9. Jh. n. Chr. entstanden. Sie befasst sich hauptsächlich mit den sichtbaren Formen der Landschaft und wird auch nach der Gegend benannt, in der sie entstanden ist: die Jiangxi-Schule. Die Provinz Jiangxi liegt im Süden Chinas, aus ihr stammt Yang Yunsong, der Gründer der Form-Schule. Er war der Fengshui-Meister des Kaisers Xizong (reg. 873 bis 888 n. Chr.), wurde sehr berühmt und schrieb einige Werke über die Fengshui-Lehre. Dabei legte er sein Augenmerk auf die Form der Berge, die Richtung der Wasserläufe und den Einfluss des Drachens, der eine wesentliche Rolle in seinem System spielte. Drei seiner Werke befassen sich daher hauptsächlich mit Drachen: »Das Buch der Kunst, Drachen zu erziehen«, »Das Buch für die Annäherung der Drachen« und »Die Methode der zwölf Notenlinien«. Das letzte Werk wurde zu einem Nachschlagewerk zur Bestimmung der Drachenhöhlen, die als Sammelbecken aller Qi-Kräfte galten.

Die ursprünglichen Regeln der Form-Schule

- Häuser und Gräber sollen an einem Hang und an gut entwässerten Orten gebaut werden.
- Im Norden der Stadt, des Dorfes oder des Hauses soll ein beschützender Berg stehen, um Schutz vor bösen Einflüssen zu bieten, die traditionellerweise aus dem Norden kommen. Im Notfall kann auch eine Baumwand oder ein Wald als Schutzwall dienen.
- Die Toten sollen auf dem nach Süden gerichteten Berghang begraben werden.
- Der Eingang einer Stadt oder eines Hauses soll im Süden liegen und eine weite Ebene vor sich haben, da diese ein Sammelbecken für gute Strömungen ist.
- Ein Haus sollte auf seiner linken Seite vom Drachen und auf seiner rechten vom Tiger flankiert werden.

Gegen Ende des 10. Jh. n. Chr. entwickelte sich eine zweite Fengshui-Schule: die Kompass-Schule. Diese Schule legte viel Gewicht auf die Kosmologie, auf das Bagua und auf die Astrologie mit ihren Himmelsstämmen, Erdästen und Sternkonstellationen. Die Kompass-Schule, auch Richtungs- und Positionsschule genannt, hat sich vorwiegend in zwei Küstenprovinzen im südlichen Teil Chinas, Fujian und Zhejiang, Taiwan und Hongkong entwickelt. Sie wird daher auch Fujian-Schule genannt. Auch ist sie als »Analytische Methode« oder als die »Struktur-des-Qi«-Schule bekannt. Der Hauptrepräsentant dieser Schule war Wang Zhi (tätig 11. Jh. n. Chr.).

Das wichtigste Hilfsmittel des Fengshui-Meisters der Fujian-Schule ist ein Kompass, im Chinesischen luopan genannt. Er hat die Form einer Holzscheibe, in deren Mitte sich eine Kompassnadel dreht. Um sie herum sind verschiedene Ringe angeordnet, auf denen unter anderem Yin und Yang, die acht Himmelsrichtungen, die fünf Elemente und die acht Trigramme markiert werden. Mit Hilfe der Einteilungen lassen sich die Einflüsse und die Qualität eines Ortes bestimmen und einschätzen. Mit diesem Instrument kann der Fengshui-Meister die beste Balance zwischen der Persönlichkeit des Menschen und seiner Umgebung ausfindig machen.

Seit Ende des 19. Jh. werden die Kompass- und die Formschule nicht mehr scharf voneinander getrennt.

Die Schildkröte passt sich an

Schritt für Schritt ging die Schildkröte weiter. Sie schützte ihren Panzer vor Regen und Sonne. Die Botschaft auf ihrem Rücken sollte nicht verblassen. Auf der langen Wanderung wurden ihre schmalen Augen immer grösser und runder. Sie begann ihren Artgenossen in der Ferne zu gleichen. Bald betrachteten diese sie nicht mehr als Fremde. Sie dachte an zu Hause.
Würden ihre Freunde sie noch erkennen?

Die Bausteine des Fengshui

Das Bedürfnis nach Strukturen

Unsere Welt ist so komplex, dass es uns Menschen kaum möglich ist, sie in ihrer Ganzheit zu erfassen. Ähnlich wie in der untenstehenden Darstellung, tritt sie uns auf den ersten Blick als eine scheinbar beliebige Ansammlung verschiedenster Erscheinungen entgegen.

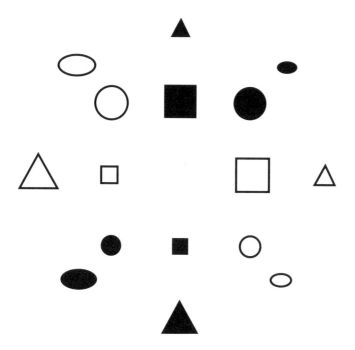

Betrachten wir das dargestellte Formenmuster genauer, werden wir aber auf den zweiten Blick gewisse Regelmäßigkeiten erkennen. Wir sehen Formen, die entweder hell oder dunkel, klein oder groß, abgerundet oder eckig sind. Vermutlich wird uns bei diesem Stand der Erkenntnis eine gewisse Neugier packen. Warum sind die Formen so angeordnet und nicht anders, gibt es möglicherweise eine Ordnung, die hinter dem Muster steht, finden wir vielleicht sogar Gesetzmäßigkeiten, die wir anderswo schon festgestellt haben? Nehmen wir uns ein wenig Zeit, unsere Überlegungen weiterzuverfolgen, erschließen sich uns bald interessante Zusammenhänge. Betrachten wir hier einige Beispiele, die sich bei unserer spielerischen Suche als mögliche Ordnungsprinzipien ergeben.

Aus den hellen und den dunklen Formen lassen sich zwei Gruppen bilden.

Gegensätze wie klein und groß, hell und dunkel, eckig und gerundet werden miteinander verbunden. Es entsteht ein dichtes Netz von Linien.

Helle und dunkle Formen werden in der gleichen Reihenfolge aneinander gehängt. Es zeigen sich zwei verschiedene Bewegungsmuster.

Zwei gleichmäßige Achtecke teilen jeder Form ein eigenes Feld zu. Abgerundete oder eckige Formen stehen als Paare einander gegenüber.

Es werden vier Gruppen gebildet. Jede der vier Formen erscheint in jeder Gruppe in anderer Gestalt.

Die spielende Phantasie erschafft eine bildhafte Ordnung. Eine Häusergruppe entsteht.

Je länger wir uns mit diesem einfachen Muster beschäftigen, desto mehr Zusammenhänge werden wir herstellen können. Und staunend erkennen wir, wie viele Ordnungen gelten, wie alle von ihnen unsichtbar dem Formenmuster innewohnen und es nur eine Frage unseres Blickwinkels ist, welche Ordnung sich zeigt und sichtbar wird. Vielleicht gefällt uns die eine oder die andere Lösung besonders gut oder wir fühlen uns gleich von mehreren angesprochen. Wahrscheinlich werden wir unserem Suchen einmal ein Ende setzen, uns begrenzen und entscheiden, welche der gefundenen Ordnungen die innere Struktur am besten zum Ausdruck bringen.

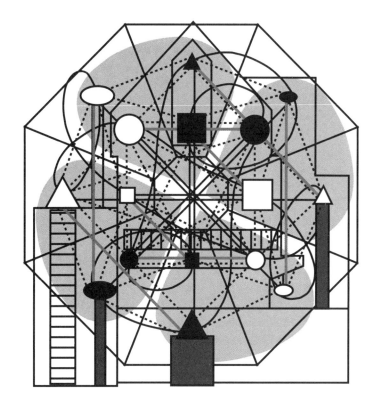

Auch das Fengshui bietet verschiedene Konzepte an, um die vielfältigen Erscheinungen der Welt und deren Zusammenwirken zu erfassen. Ihre Aussagen können einander ergänzen oder sich widersprechen. Jedes Konzept spricht eine andere Ebene an und beleuchtet gewisse Teilaspekte. Dabei sollte uns immer gegenwärtig bleiben, dass alle Ordnungen als Teile eines Ganzen gleichzeitig gelten. Wir sehen nur die Ausschnitte, die wir gerade scharf einstellen, und alle Theorien sind letztlich nur die Spiegel der Fragen, auf die sie antworten, und nie die Wirklichkeit selbst.

Die folgenden Kapitel stellen eine Einführung dar, die vor allem die Grundbegriffe des Fengshui anschaulich und mit vielen Bezügen zum westlichen Alltag erläutert. Viel weiterführendes Wissen des Fengshui bleibt unerwähnt. Die Autorinnen haben aber durch ihre Arbeit die Erfahrung gemacht, dass gerade im Begreifen und in der Anwendung des Basiswissens ein großes Potential liegt. Es ermöglicht dem Fengshui-Interessierten einen guten Einstieg in die interessante Denkweise dieser Lehre und er erhält Impulse, seine Wahrnehmung und Intuition auf sicherem Boden zu schulen. Bald wird er auch viele praktische Anregungen zur Verbesserung seiner Alltagsumgebung entdecken.

*Alles Sein entsteht aus der
Bewegung von Yin und Yang*

Die beiden Urpole

Auf dem Reiseprogramm der Familie F. steht der Besuch einer berühmten Kathedrale. Nach einem langen Aufstieg über dunkle, enge Wendeltreppen kommt sie endlich auf der Plattform des Turmes an. Zum Schrecken der Eltern sind die Kinder hier nicht mehr zu bremsen. Angeregt durch die luftige Höhe, den erfrischenden Wind, den phantastischen Weitblick rennen sie umher und rufen einander ausgelassen zu. Beim Besuch der düsteren Krypta ändert sich das Bild. Verhalten flüsternd und sichtlich eingeschüchtert folgen sie den Eltern auf den Fersen und bedrängen diese doch endlich aus dieser muffigen Gruft aufzusteigen.

Jeder Ort hat eine ihm eigene Ausstrahlung und jeder Mensch, der sich dort aufhält, wird von ihr beeinflusst. Wir alle reagieren verschieden. Es gibt aber Einflüsse, die so bestimmend sind, dass wir unabhängig von unserem persönlichen Erleben von einer typischen Stimmung sprechen. Wie die Plattform des Turmes gibt es Orte, die uns mit Energie aufladen, anregen, heiter und ausgelassen stimmen. Wie die Krypta gibt es Orte, die unsere Stimme und unsere Bewegungen dämpfen, uns besinnlich werden lassen oder sogar bedrücken.

Yin und Yang
Im chinesischen Denken unterscheiden sich solche Orte dadurch, dass sich in ihnen die Yin- oder die Yang-Energien besonders ausgeprägt zeigen. Die Vorstellung von Yin und Yang ist ein dynamisches Modell. Alle Aspekte der Welt, wie Emotionen, Charaktereigenschaften, Räume usw. können mit Hilfe von Yin und Yang beschrieben werden. Viele Leute in der westlichen Welt kennen heute die Begriffe von Yin und Yang. In der chinesischen Weltanschauung bilden sie das Fundament, auf dem das Verständnis des Universums aufbaut. Wie können diese beiden Begriffe in der heutigen Sprache am besten umschrieben werden?

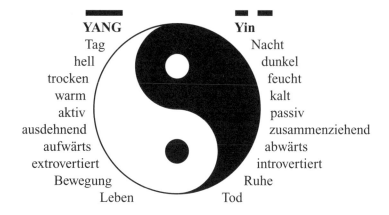

Das Taiqi-Zeichen, auch als Yin-Yang-Zeichen bekannt, ist eine Darstellung, wie unsere Welt durch das Zusammenwirken der beiden Urkräfte im Gleichgewicht und gleichzeitig in Bewegung gehalten wird. Yin und Yang ergänzen einander zu einer Ganzheit. Wo Yin wächst und sich ausbreitet, nimmt Yang ab, aber selbst in der Fülle des Yin ist immer ein Kern des Yang-Potentials enthalten.

Yin und Yang gehören zusammen, das eine kann ohne das andere nicht existieren. Ursprünglich bedeutete das Wort Yin 'Schattenhang' und Schatten gibt es nur dort, wo die Sonne scheint. Der Berg hat natürlich auch eine besonnte Seite, die das Yang darstellt. Oft zeigt sich erst durch die Gegenwart des einen die besondere Qualität des anderen. Sind wir an der heißen Sonne gelegen, ziehen wir uns gerne in einen kühlen Raum zurück. Ein munterer Bach unterstreicht die Schwere und Unverrückbarkeit eines Felsblockes.

Urkräfte im Wandel
Yin und Yang verändern sich mit der Zeit und fließen ineinander. Ist ein Haus neu gebaut und der Garten frisch angelegt, können sich die beiden Kräfte in aufdringlicher Einseitigkeit zeigen. In einem Garten, wo der Rasen erst angesät ist, der zukünftige Trockengarten einer Geröllhalde gleicht, Büsche und Bäume fehlen oder noch zwergenhaft klein sind, fehlt das belebende Grün und der Garten wirkt öde und leer, die Yin-Energien sind übermächtig. Andererseits stechen uns der frisch erstellte Sitzplatz mit seinen geraden Fugen und eckigen Rändern ins Auge, ebenso die neuen Gartenwege mit ihren schmucklosen Zementplatten, dass wir vielleicht an der Richtigkeit unserer Entscheide zu zweifeln beginnen. Erbarmungslos scheint die Sonne auf unseren Garten. Nirgends findet das umherschweifende Auge Erholung vom grellen Licht und wir träumen vom Sitzplatz unter dem Apfelbaum, in dessen kühlen Schatten wir in fernen Sommern sitzen werden. Licht und Sonne in Hülle und Fülle, von Menschenhand Gestaltetes, das dominant in Er-

scheinung tritt – auch die Yang-Qualitäten sind in unserem Garten zu krass und beherrschend.

Wie anders zeigt sich unser Garten doch zehn Jahre später. Bäume und Sträucher sind gewachsen, Vögel nisten und singen in ihren Ästen und erfreuen sich an den leuchtenden Beeren. Eine farbige Blütenpracht zieht über viele Monate hinweg Bienen und Insekten an und im kargen Steingrund gedeihen seltene einheimische Gräser und Stauden. Die Gartenwege verschwinden unter dem üppigen Grün der vielen Pflanzen und aus dem Sitzplatz ist eine herrlich eingewachsene, lauschige Sommerlaube geworden. Die übermächtige Leere ist einer lebendigen Fülle, die grelle Sonne einem wohltuenden Spiel von Licht und Schatten gewichen. Die krassen Yin-Yang Kräfte des Anfangs haben sich verändert, sie sind milder und ausgeglichener geworden.

Auch innerhalb kurzer Zeitspannen können sich die Yin- und Yang-Qualitäten eines Ortes ändern. Auf dem nach Osten orientierten Gartensitzplatz überwiegen an einem sonnigen Vormittag die Yang-Eigenschaften. Er ist hell, die Steinplatten glitzern in der Sonne und sind warm. Derselbe Sitzplatz liegt am Nachmittag im Schatten der Gebäude, die Steinplatten wirken dumpf und sind abgekühlt, der Platz ist jetzt überwiegend Yin.

In welchem Ausmaß Yin oder Yang unser Leben bestimmt, hängt von unserem Charakter, unserer Tätigkeit, aber auch von der Lebensphase ab, in der wir uns befinden. In jungen Jahren werden wir fast nie müde. Sport, Parties, Disco – nie haben wir genug davon. Yang überwiegt in unserem Leben. Ältere Menschen hingegen brauchen immer mehr Ruhepausen, das Tempo des Lebens verlangsamt sich, eine Verlagerung in Richtung Yin findet statt.

Im Spiegel des Umfeldes
Yin und Yang sind relativ. Sie sind keine starren Begriffe, sondern formen sich immer neu in Bezug zu dem Kontext, in dem sie auftreten.

Der Mensch ist eingespannt zwischen Leben und Tod, zwischen Ruhe und Bewegung.
Rennen ist mehr Yang als Spazieren; Spazieren ist mehr Yang als Lesen; Lesen ist mehr Yang als Meditieren; Meditieren ist mehr Yang als Schlafen...

Um das Spiel zwischen Yin und Yang zu erkennen, müssen wir uns darüber klar werden, was wir betrachten wollen, wie weit unser angelegter Maßstab reichen soll. In Mitteleuropa stellen die Alpen eine hochaufragende Gesteinmasse dar und prägen die Länder, in denen sie sich befinden. Gegen Süden flacht die Landschaft zusehends ab, bis sie sich in einer weiten Ebene verliert. Befinden wir uns aber in den Bergen, entdecken wir bald flache Stellen, Täler, kleine Ebenen, die das Wechselspiel vom Großen im Kleinen wiederholen.

Stellen wir uns ein Landhaus in einem gepflegten Garten vor. Das Haus wird vom Menschen erdacht und geplant. Seine Formen sind meistens gerade, klar definiert und folgen dem rechten Winkel, seine Materialien, wie Sand, Ton, Kalk, Eisen sind vorwiegend mineralisch, dicht und schwer und die zum Bauen verwendeten Baustoffe, wie Backsteine, Eisenbeton, Gips, Holz sind in hohem Maße bearbeitet. Ist das Haus relativ neu und wird es gut unterhalten, behält es seine Erscheinung bei und bietet mehreren Generationen ein dauerhaftes Zuhause.

Beim Garten verhält es sich ganz anders. Zwar ist auch hier die ordnende Hand des Menschen deutlich zu spüren, aber wie anders sind doch hier die Gegebenheiten. Bei allem ist das natürliche Wachstum der Pflanzen Voraussetzung. Weiche, fließende, bewegte und vielfältige Formen bestimmen das Erscheinungsbild. Im Rhythmus der Jahreszeiten vollzieht sich ein ständiger Wandel und greift der Mensch nicht gestaltend ein, wird der Garten schon nach kurzer Zeit zu einer Wildnis.

Betrachten wir die Einheit, die Haus und Garten zusammen bilden, können wir im Gebauten leicht die Yang-Qualitäten und im natürlich wachsenden die Yin-Qualitäten wieder finden. Yang ist hell, warm, trocken, aktiv, nach aussen und vorne gerichtet und steht für das männliche, gestaltende Prinzip. Yin ist dunkel, kalt, feucht, tief, inaktiv, nach innen und nach hinten gerichtet und steht für das weibliche, empfangende Prinzip.

Die Begriffe von Yin und Yang definieren Eigenschaften. Wollen wir aber ihren Einfluss erkennen, müssen wir unseren Blickwinkel festlegen. Wir können betrachten, wie sich Haus und Garten in die Umgebung einbetten. Oder wir richten unser Augenmerk nur auf den Garten oder nur auf das Haus. Wir werden bald entdecken, dass sich sowohl im Garten eine Fülle von Yang-Elementen, als auch im Haus eine Fülle von Yin-Elementen erkennen lassen. In jeder Einheit, sei sie noch so groß oder klein, wird es uns immer gelingen, beide Grundenergien zu benennen.

Yin und Yang in Haus und Garten
Yin und Yang beschreiben Tendenzen, die immer als Paar auftreten und bei denen die eine das Gegenbild der anderen darstellt. Richten wir das Augenmerk auf unser Haus und unseren Garten, so stellt sich die Frage : Woran erkennen wir diese Yin- oder Yang-Qualitäten, wie könnte ein Yin-betontes Haus, wie ein Yang-betonter Garten aussehen?

Aussicht
aktiv
oben
hell
Fülle
Klarheit
Wärme
trocken

Das Yang-Haus
Das Haus steht an erhöhter Lage und hat eine umwerfende Aussicht. Vor dem Haus führt eine belebte Straße entlang und in unmittelbarer Nähe gibt es attraktive Geschäfte. Nahe dem Hauseingang befindet sich die Bushaltestelle und Schulen und Kindergarten sind zu Fuß gut erreichbar. Es ist die oberste Wohnung im Haus. Die Fenster sind groß und lassen viel Tageslicht einfallen. Die meisten Zimmer sind geräumig und hell. Die Wohnung ist mit einer modernen, hellen Beleuchtung ausgestattet und in einigen Zimmern stehen originelle Lampen, die ihr Licht nach oben richten. Die Räume sind großzügig, und die vielen Möbel finden darin gut Platz. Trotzdem bleibt die Wohnung übersichtlich. An manchen Orten nähert sich die Fülle allerdings dem Chaos, was aber vor allem für Außenstehende sehr kreativ wirkt. Das Haus ist gut und solide gebaut, die Sonne bescheint es reichlich und so herrscht in den Räumen immer eine angenehme und trockene Wärme.

lebendig
Licht
offen
Vielfalt
stark
Süden
Sonne
aktiv
Bewegung

Der Yang-Garten
Der Garten steht in seiner Vitalität der Wohnung in nichts nach. An mehreren offenen und sonnigen Plätzen kann die wunderschöne Aussicht genossen werden. Die Gartenwege sind mit rechteckigen Steinplatten verlegt. Sie sind sauber gejätet, vermitteln einen erfrischend ordentlichen Eindruck und von ihrer hellen, gelblichen Färbung geht eine angenehme Wärme aus. Ein kleiner, kunstvoll angelegter Steingarten und mehrere Trockenplätze mit fast mediterranem Charakter bilden einen interessanten Kontrast zur üppigen Wiese und zu der Vielfalt an Pflanzen, die an diesem besonnten Südhang prächtig gedeihen.

Gehalten aber wird der Garten von zwei alten, hohen Bäumen, die durch ihren geraden und kräftigen Wuchs Stärke, aber auch eine gewisse Strenge vermitteln. Ein Teil der nach Süden exponierten Stützmauer aus sorgfältig geschaltem Sichtbeton ist mit wildem Wein bewachsen, der im Herbst weit herum sichtbar, kräftig rot leuchtet. Viele Schmetterlinge, Bienen und Vögel bevölkern den Garten und bringen Bewegung hinein. Streicht ein sanfter Wind über Gräser, Blüten und Blätter, scheint der Garten von Leben nur so zu pulsieren.

Das Yin-Haus
Das Haus steht am Fuß eines Berghanges in einer kleinen Senke und die Wohnung befindet sich im Erdgeschoss des Hauses. Wegen ihrer Lage fehlt ihr jegliche Aussicht, doch gerade dies macht ihren Charme aus.

unten
nach innen
erdverbunden
Ruhe
unbelebt
eng
dunkel
leer
kalt
feucht

Nirgends ist die Wohnung einsehbar, überall entsteht ein privater und geborgener Eindruck. Dank ihrer geschützten Lage bleibt im Sommer sogar der Gartensitzplatz ein ganz intimer Ort. In jedem Raum ist die beruhigende Nähe der Natur und die Verbundenheit mit dem Boden zu spüren. Die Zufahrtsstraße ist etwas entfernt und sehr ruhig, in der Nachbarschaft wohnen einige ältere Leute oder berufstätige Paare, die tagsüber auswärts arbeiten. Seit einiger Zeit steht eines der Nachbarhäuser leer. Die Räume in der Wohnung sind eher klein bemessen, ebenso die Fenster und das einfallende Tageslicht wird durch immer gezogene feine Vorhänge weich gedämpft. Zu gewissen Zeiten sendet die Sonne Lichttupfer in das beruhigende Dämmerlicht. Auch am Abend ist die Beleuchtung sparsam und Tisch- und Stehlampen verbreiten mit ihren auf den Boden gerichteten Lichtkegeln ein warmes Licht. In den Räumen stehen einige wertvolle, alte Möbel aus langjährigem Familienbesitz, von denen ein erdendes Gefühl von Ruhe und Beständigkeit ausgeht. Trotz der schweren Möbel wirken die Räume sparsam, aber gekonnt eingerichtet und vermitteln ein Gefühl von wohltuender Stille und Leere.

Der Yin-Garten
Der Nordteil des Gartens, der seitlich und hinter dem Haus liegt, ist eine kleine Welt für sich, wo zuweilen die Zeit stillzustehen scheint und die Zivilisation weit weggerückt. Verschlungene Wege führen zu versteckten Plätzen, die an heißen Sommertagen zu einer kühlen Oase werden. Dunkle Steinplatten mit unregelmäßigen Formen und zarte Gräser, die zwischen ihren Fugen wachsen, erhöhen vor allem nach einem Regenschauer die geheimnisvolle Stimmung. Hier gibt es eine besonders feuchte Stelle, wo wie auf einem Waldboden herrliche Farne wachsen und weiches Moos zum Anfassen verleitet. Ein kleiner Bach führt durch das Grundstück und manchmal staut sich das Wasser zu kleinen Tümpeln.

Obwohl hier viele immergrüne Pflanzen wachsen, braucht dieser Teil des Gartens eine gute Pflege, da vor allem im Herbst, wenn die umliegenden Bäume und Sträucher welken, viel Laub anfällt. In diesem grünen Dickicht tummeln sich im Verborgenen unzählige kleine Lebewesen, die wie die Würmer, Schnecken und Kröten das Feuchte und Schattige lieben. Der Teil vor dem Haus hat ein ganz anderes Gesicht, strahlt aber auf seine Art ebenso viel Ruhe aus. Hier kann der Blick über eine leicht abgesenkte Rasenfläche schweifen, an der spar-

Norden
Schatten
Geheimnis
verborgen
zart
weich
nass
stehendes
Wasser
vergänglich
leer

samen, niederen Bepflanzung bei der Grenze des Grundstückes hängen bleiben und schließlich an den feingliedrigen Weidenbüschen am gegenüberliegenden Hang verweilen.

Das ausgleichende Prinzip
Yin und Yang gleichen einander aus. Sind die beiden Kräfte in unserem Leben ausgewogen, fühlen wir uns wohl. Wir spüren Ruhe und Geborgenheit, sind trotzdem vital und voller Energie. Ist die eine Kraft aber im Übermaß vorhanden, fühlen wir uns rastlos, verunsichert und ohne inneren Antrieb. Ausgehend von der Idee eines heilenden Ausgleichs zwischen Yin und Yang, sollten wir dann versuchen, die untervertretene Energie in unserer Wohn- und Arbeitsumgebung, aber auch in unseren Lebensgewohnheiten bewusst zu aktivieren. Dies kann uns helfen, wieder mehr in unsere Mitte zurückzufinden, uns im Leben wieder besser zu verankern, Ausgeglichenheit und Lebenskraft wiederzugewinnen.

Auch wenn das Vorhandensein beider Kräfte eine gute Voraussetzung für eine harmonische Umgebung und ein stabiles Leben darstellt, heißt dies nicht, dass beide Kräfte immer im gleichen Maße vorhanden sein müssen. Nicht immer ist es möglich zu einer sehr bestimmenden Situation ein ebenbürtiges Gegengewicht zu schaffen. Das stunden-

Trennen und Vereinen: Ein endloser Tanz

Das Spiel von Yin und Yang gleicht einem Tanz. Zwei Gestalten treten auf die Bühne, die eine ist kräftig, die andere zart, die eine ist hell, die andere dunkel gekleidet. Die eine Gestalt fängt an zu tanzen, leidenschaftlich mit großen Bewegungen, die andere ist still und hält sich im Hintergrund, bis sie beginnt die Oberhand zu gewinnen. Abwechselnd führen sie den Tanz an. Sie entfernen sich voneinander und nähern sich wieder, dann bewegen sie sich in völligem Einklang. Für Augenblicke finden sie sich vereint in Stille und absoluter Bewegungslosigkeit, um alsbald auszubrechen in die erlösende Trennung. Immer sind die Tänzer aufeinander bezogen und gerade durch die Einzigartigkeit des Einzelnen wird ihre Verbundenheit als Paar deutlich.

So streben auch die beiden Urkräfte immer danach, in die absolute Verbundenheit, in ihre ursprüngliche Einheit zurückzukehren, die sie aber nicht erreichen können. Dadurch sind sie immer in Bewegung und erzeugen in ihrem Tanz um die Mitte einen ständigen Ausgleich.

lange, ruhige Sitzen in geschlossenen Räumen, das mit vielen Berufen einhergeht, können wir kaum vermeiden. Gerade da aber tut ein kurzer Spaziergang an der frischen Luft oder eine kleine Gymnastikübung besonders gut. Manchmal ist die Dominanz der einen Kraft geradezu erwünscht und das Besondere eines Ortes würde durch zu viel Ausgleich verloren gehen. Hier genügt es die andere Kraft als Akzent einzusetzen. Ist eine Wohnung sehr elegant und gediegen eingerichtet, kann etwas Billiges, mitunter Kitschiges sehr wohltuend wirken. Andererseits kann in einer einfachen, gemütlichen Studentenwohnung ein kostbarer, sorgfältig plazierter Gegenstand eine besondere Bedeutung erhalten.

In der Gestaltung unserer Umgebung können wir das Schwergewicht auch bewusst auf die eine oder andere Energie legen und damit die Tätigkeiten, die darin stattfinden, unterstützen. Eine Yang betonte Umgebung kann ein passendes Umfeld für angeregte Aktivitäten sein. In einer Turnhalle, die von Tageslicht durchflutet und angenehm warm ist, der Boden eine anregende grünliche oder rötliche Farbe hat und Decken und Wände freundlich hell sind, ist es eine Freude sich zu bewegen. Aus einer Disco sind laute Musik, wilde Lichtspiele, Hitze und Menschengedränge nicht wegzudenken. Eine Yin betonte Umgebung hingegen kann sich für ruhigere Tätigkeiten gut eignen. In einem Lesesaal fördern bequeme Sitz- und Schreibplätze, Leselampen mit gerichtetem Licht,

Das Haus am Waldrand

Die Wohnung des Ehepaares F. befindet sich in einer Liegenschaft, die viele Ähnlichkeiten mit dem oben beschriebenen Yin-Haus und -Garten aufweist. Herr F. arbeitet im Handelsgeschäft und ist tagsüber, manchmal auch wochenweise unterwegs. Sein Beruf bietet ihm ein interessantes Leben, das ihn aber fordert und, besonders seit er älter geworden ist, zuweilen an die Grenze seiner Kräfte bringt. Wenn er nach Hause kommt ist er meistens müde und abgespannt und freut sich auf die ruhige und wohltuende Atmosphäre. Da kann er ausruhen und sich erholen. In den Yin-Qualitäten seiner Wohnung findet er den idealen Ausgleich zu seinem Yang-betonten Berufsleben. Frau F. hingegen verbringt den großen Teil des Tages in der Wohnung. Sie hat hier vier Kinder großgezogen, jetzt stehen sie alle auf eigenen Füssen. Da vor einigen Monaten auch der jüngste eine eigene Wohnung gefunden hat, ist es um sie herum still geworden. Ihre engagierte Mitarbeit in der Kirchenpflege hat sie zurückgesteckt, da sie sich auf ihren beruflichen Wiedereinstieg konzentrieren will. Sie hat eine neue Ausbildung begonnen, muss aber zu Hause viel alleine lernen. Kürzlich ist auch der geliebte Familienhund gestorben und nun fehlt ihr der Ansporn für die täglichen, ausgedehnten Spaziergänge. Sie fühlt sich oft verunsichert und in ihren vier Wänden gefangen.

Betrachten wir die Situation von Frau F., sehen wir ein auffallendes Ungleichgewicht. In ihrer Lebenssituation dominieren die Yin-Energien, ebenso in ihrer Wohnumgebung.

> Verwenden wir die Idee der vereinigenden Bewegung von Yin und Yang, was könnten wir Frau F. raten? Yin-Energien sind im Übermaß vorhanden, Yang-Energien fehlen und gerade diese wären hier nötig, um einen Ausgleich zu schaffen. Nun, es gibt viele Möglichkeiten, Yang-Energien in sein Leben hineinzuholen. Frau F. könnte mit ihrem Mann eine Reise in die heiße Karibik buchen, mit einer Freundin in ein indisches Restaurant gehen und scharfe Gerichte ausprobieren. Sie könnte sich die Haare rot färben und neue Kleider in kräftigen Farben und ausdrucksstarken Mustern kaufen. Sie könnte auch ihren jahrelang nicht mehr getragenen Schmuck mit den funkelnden Edelsteinen für den Theaterbesuch, aber auch zu Hause anziehen. Frau F. könnte auch ihre Wohnung neu einrichten, die dunkelbraunen Spannteppiche durch helle Teppiche oder Fliesen ersetzen, die Wände und Decken weiß streichen, ihre alten, gemütlichen Lampen durch moderne, hell nach oben gerichtete Strahler auswechseln und das altehrwürdige Stillleben in der Eingangshalle durch ein farbenfrohes abstraktes Bild austauschen. Schließlich könnte sie mit ihrem Mann zusammen überlegen, ob es in dieser Zeit des Umbruchs nicht der richtige Moment für einen Wohnungswechsel wäre. Dann könnten sie sich eine Wohnung suchen, die das Gegenteil ihrer jetzigen wäre. Im obersten Stockwerk gelegen, hell, mit Aussicht, mitten in der Stadt, also eine Wohnung, die viele Yang-Qualitäten aufweist.

Stille und die Begrenzung des Blickes die Konzentration. In einem Schlafzimmer tragen gedämpfte Farben, weiches Licht und sanfte Formen zu einer entspannenden Atmosphäre bei.

Die vereinigende Bewegung der beiden Pole ist eine Leitidee in der Anwendung des Fengshui. Viele Gedanken und Empfehlungen, die uns Menschen im Westen zuweilen exotisch anmuten, können wir besser begreifen, wenn wir diese Idee betrachten. Haben wir die ausgleichende Bewegung verstanden, können wir oft auf erstaunlich einfache Art wertvolle Hinweise dafür finden, wie ein Übermaß der einen Energie durch bestimmte Tätigkeiten, aber auch durch Veränderungen im eigenen Lebensraum ausgeglichen werden kann.

Wo Qi fließt, entfaltet sich das Leben

Der Lebensatem und sein Gegenspieler

Es gibt Berge, von denen so viel Kraft ausgeht, dass sie für Menschen heilig sind. Es gibt Orte, wie Höhlen und Grotten, wo ungewöhnliche Ereignisse stattfinden, und die zu viel besuchten Wallfahrtstätten werden. Es gibt große Bäume, die durch ihre Schönheit und ihr Alter auffallen und als Naturdenkmäler geschützt werden. Worin liegt die Anziehungskraft und das Besondere dieser Orte? Gewiss ist allen eine spezielle Ausstrahlung eigen und besonders kraftvolle und intensive Energien scheinen vorhanden zu sein. Durch alle Zeiten und alle Kulturen hindurch haben Menschen solche Kraftorte gesucht und zum Beispiel sakrale Bauten auf diese Plätze gestellt.

Die Lebenskraft Qi
Im chinesischen Denken zeichnen sich diese Orte dadurch aus, dass sich dort das Qi besonders stark und eigenwillig ausdrückt. Qi ist die Energie, die allem Leben zu Grunde liegt. Sie entsteht aus der Spannung und dem ständigen Wechsel zwischen Yin und Yang und gleicht einem Kraftstrom, der alles formt und zum Gedeihen bringt. Im bildhaften Denken des Fengshui wird die Natur mit dem menschlichen Körper verglichen und diese alles belebende Kraft »Lebensatem« oder auch »Atem der Natur« genannt.

Qi ist die Summe aller Schwingungen, die einen Ort durchströmen. Sie gleicht einem vielstimmigen Klanggebilde, das in den verschiedensten Farbtönen und Schattierungen erklingt und dessen Gestalt sich durch kleinste Impulse verändert. Wie alles Lebendige ist Qi in ständigem Wandel begriffen. Es gibt natürliche Veränderungen, die allmählich vor sich gehen und uns vertraut sind. Das Aussehen unseres Gartens und seine Stimmung ändern sich mit den Jahreszeiten, unser Haus wird älter, die Materialien nutzen sich ab, unsere Kleider geraten aus der Mode. Es gibt aber auch Ereignisse, die unerwartet eintreten, wie die freudige Nachricht über einen gewonnenen Wettbewerb, die uns von einem Augenblick zum anderen in eine euphorische Stimmung versetzen kann.

Im Großen wie im Kleinen

Viele Gedanken der chinesischen Philosophie sind aus der Beobachtung der Natur und den Erkenntnissen, die daraus resultierten, hervorgegangen. Himmel und Erde wurden von den Menschen als das grundlegendste Gegensatzpaar erlebt. Am Himmel sehen wir die Sonne, die jeden Morgen am Horizont erscheint, Licht und Wärme spendet. Wir sehen den Mond, der von Nacht zu Nacht seine Form ändert, die Sterne, die in immer wiederkehrenden Zeitabständen am Firmament erscheinen. Die Himmelskörper bewegen sich nach einem vorhersehbaren Rhythmus, bestimmen Tag und Nacht, den Wechsel der Jahreszeiten, die Himmelsrichtungen und regeln Ebbe und Flut. In der Atmosphäre entstehen die Winde, die die Luft erneuern, den Blütenstaub verteilen und die Wolken bilden, aus denen der Regen fällt. Auf der Erde sehen wir die Natur, die uns umgibt mit ihren Bergen, Tälern, Flüssen und Meeren. Es ist unser Lebensraum, den wir mit Pflanzen und Tieren teilen. In ihm finden wir alle Grundstoffe, die wir brauchen, um unseren Körper zu ernähren und unsere Häuser zu bauen.

Aus der Mitte in die Mitte

Der Mensch ist eingespannt zwischen Himmel und Erde. Durch seine Füße tritt die Erdkraft in seinen Körper ein, durch seinen Kopf die Himmelskraft, unterhalb des Bauchnabels treffen sie aufeinander. Die Vorstellung von der Bewegung dieser Kräfte ist die zweier Spiralen. Ihr Zusammentreffen im Menschen gleicht nicht einem Aufprall, sondern einem lautlosen Stillestehen, wo die eine Bewegung in der Unendlichkeit des Kleinen zur Ruhe gekommen ist und die andere Bewegung noch nicht geboren wurde. Im indischen Yoga zielen viele Übungen bewusst darauf hin, den Praktizierenden in die kosmische Achse hineinzubringen, interessanterweise manche davon in umgekehrter Haltung. So »steht« der Übende zum Beispiel im Kopfstand mit dem Kopf auf der Erde und seine Füße sind zum Himmel gerichtet.

In vielen Kulturen wird die Stelle im Körper, wo sich Erd- und Himmelskraft treffen, als die Mitte des Menschen betrachtet. In allen asiatischen Lehren und Kampfkünsten erhält sie eine besondere Bedeutung. Die Zentrierung in des Menschen eigener Mitte wird angestrebt und geübt. Dieser Zustand gilt als ideale Voraussetzung, um sich mit sich selbst und gleichzeitig mit dem ganzen Universum zu vereinen. Dadurch erreicht der Übende eine innere Loslösung von allen Dingen. Diese erlaubt ihm nicht nur in jeder Kampfsituation gelassen zu bleiben, sie verleiht ihm auch die Fähigkeit mit seinem Gegner Eins zu werden und so zu absoluter Überlegenheit zu gelangen.

Sukzession – Bewegung in der Zeit

In der Ökologie ist heute der Begriff der Sukzession häufig zu hören. Dieser bezeichnet ganz allgemein die Veränderungen von Lebensgemeinschaften, wenn diese unterschiedliche Lebensabschnitte, sogenannte Sukzessionen, durchlaufen. Die Verlandung eines Sees ist eine natürliche Veränderung, die langsam und kontinuierlich geschieht. Wohin diese Veränderung führt und welche Form die Bewegung des Qi annimmt, kann wie alles Lebendige sehr verschieden und vielfältig sein. Bei hohem Grundwasserspiegel wird aus dem verlandenden Gewässer ein Moor, bei tiefem allmählich ein Wald entstehen.

Ein Vulkanausbruch hingegen ist ein Ereignis der Natur, das in sehr kurzer Zeit ganze Landschaften verändern kann. Bäume, Büsche, Felder, Weiden, größere und kleinere Tiere verschwinden über Nacht unter der Lava und der Asche und mit ihnen das Qi, das über Jahrhunderte die Gegend geprägt und belebt hat. Die Veränderung des Qi geschieht hier heftig und abrupt, wird aber bald abgelöst durch eine stetige und kraftvolle Bewegung. Erste Samen und Pionierpflanzen wie Algen, Moose und Farne beginnen sich neu anzusiedeln und den Boden für die höheren Blütenpflanzen vorzubereiten. Nur wenige Jahre und Jahrzehnte vergehen, bis aus den sprießenden Pflänzchen ein aufstrebender junger Wald und die immer üppiger werdende Vegetation wieder zum Lebensraum von Vögeln, Insekten und anderen großen und kleinen Tieren geworden ist.

Leben entsteht und wächst dank der Sonne, dem Regen und dem Wind, die vom Himmel kommen und dank der Erde, die alles, was vom Himmel kommt, aufnimmt, sammelt, umwandelt und weitergibt. In diesem Zusammenspiel zeigt sich das Wirken der beiden Urkräfte: Der Himmel wurde als Ausdruck des männlichen, gestaltenden Lebensprinzips Yang angesehen, das im weiblichen, empfangenden Yin-Prinzip der Erde sein Gegenüber findet. Aus dem Austausch zwischen den Yang-Energien des Himmels und den Yin-Energien der Erde entsteht ein gewaltiger Kraftstrom, der alles Leben auf dieser Erde durchdringt.

Unsere aufrechte Haltung gibt uns die besten Voraussetzungen, um von diesem Energiestrom zu profitieren. Überall im menschlichen Leben, aber auch in der Pflanzen- und Tierwelt, finden wir diese Ausrichtung zur Vertikalen hin, was wir in unserem modernen Denken natürlich auch mit den Gesetzen der Schwerkraft und ihrer Wirkung erklären können. Führen wir uns die Entwicklung eines Kindes vor Augen, können wir seine rasche Einfügung in die Achse von Himmel und Erde beobachten. Scheinbar schwerelos bewegt sich ein Fötus im Fruchtwasser frei in alle Richtungen. Mit der Zeit wird es für ihn enger, die Bewegungen sind eingeschränkt und die meisten Kinder verbringen die letzten Wochen mit dem Kopf nach unten, bis sie geboren werden. In der ersten Zeit kann der Säugling nur liegen. Bald fängt er an seinen Kopf zu heben, sich aufzusetzen und schon nach kurzen ein bis anderthalb Jahren gelingt es ihm bereits seine beste Position einzunehmen und beizubehalten: Die Füße zur (Yin) Erde, den Kopf zum (Yang) Himmel gerichtet. Was tun wir aber, wenn wir abschalten und ausruhen wollen? Wir legen uns kurz hin und nehmen uns durch unsere horizontale Lage aus der vibrierenden Energieachse heraus.

Der Strom, der zwischen Himmel und Erde fließt, ist die größte Dimension, die wir im Wechselspiel von Yin und Yang finden können. Doch auch im Kleinen fließt die Kraft zwischen diesen beiden Polen. Überall, wo Yin und Yang sich manifestieren, erwacht der Lebensatem. Das kann in einer Wohnung durch das Wechselspiel zwischen weichen und harten Materialien, hellen und dunklen Bereichen, starken und blassen Farben, im Garten durch das Nebeneinander von jungen Gräsern und altem Gestein, hohen Bäumen und niederen Büschen geschehen.

Der Qi-Fluss

Qi entfaltet seine lebensfördernden Qualitäten nur dann, wenn es fließen kann. In der Natur finden wir meistens einen belebenden Qi-Fluß, weshalb wir uns nach einem Aufenthalt im Freien frisch und gestärkt fühlen. Ebenso wie in der Natur, sollte in der von Menschenhand geschaffenen Umgebung die Lebenskraft Qi fließen können. Sie sollte unsere Landschaften, unsere Städte, Parkanlagen, Gärten und Häuser sanft und zugleich kraftvoll, frei aber gemächlich durchströmen und diese mit gesunder und vitaler Energie aufladen.

Auch im deutschen Sprachgebrauch kennen wir viele Ausdrücke, die einen lebhaften Qi-Fluß beschreiben. Es gibt Stadtviertel, die »gedeihen«, Straßen, die von Leben pulsieren, schöne Grünanlagen, die uns regenerieren, gut gehende Geschäfte, die florieren und Farben, die so intensiv sind, dass von ihnen eine irisierende Wirkung ausgeht. Ein lebendiger Qi-Fluss ist nicht gebunden an einen Baustil, eine Geschmacksrichtung oder an bestimmte Materialien. Orte mit einem guten Qi können sehr verschieden gestaltet sein, hochmodern, traditionell, rustikal, kühl.

Alles, womit wir unsere Umgebung gestalten, beeinflusst den Qi-Fluß. Es gibt Entscheide, die grundlegend sind, über Jahre oder Jahrzehnte wirken und wir als Erbe den kommenden Generationen vermachen. Wo werden die Eisenbahnlinien geführt, wo die Straßen gebaut? Wie ist ein Garten angelegt, welche Bäume stehen darin, wie wird ein Grundstück bebaut, wie eine Wohnung geplant? Es gibt Entscheide, die wir aber fast täglich treffen, je nach Situation anders ausfallen und so zu einem sich ständig verändernden Qi beitragen. Wie kleiden wir uns heute, welche Blumen setzen wir in die Balkonkästen, wie ordentlich wollen wir unsere Wohnung haben, wie viel arbeiten wir im Garten?

Qi wahrnehmen

Es gibt keine starre Definition dafür, woran wir gutes Qi erkennen können. Landschaften und auch Grundstücke mit gutem Qi können ganz verschieden aussehen. Von Wasser überflutete Reisfelder mit hellgrünen Sprösslingen vermitteln eine andere Stimmung als ein Tal mit goldenen Kornfelder. Ein hoch gelegener Berghang mit knorrigen Lärchen und flechtenüberzogenen Geröllbrocken hat einen anderen Charakter als eine liebliche Waldlichtung mit frischen Kräutern, Blumen und reifen Brombeeren. Ein allgemeiner

---

Qui-Fluss in der Natur

Betrachten wir die Natur, kann uns dies helfen, eine Vorstellung darüber zu gewinnen, was Qi zum fließen bringt.

Grundkräfte Die wichtigste Voraussetzung ist das klare und ausgewogene Vorhandensein der beiden Grundenergien. Eine kleine Felsinsel, die aus dem Wasser eines Bergsees herausragt, das harte, dunkle Holz eines Baumes, das umrahmt wird vom zarten Frühlingsgrün der Blätter: Dies sind Gegensätze, die eine belebende Spannung erzeugen.

Formen Natürliche Formen sind bewegt und frei. Denken wir an das knorrige Astwerk einer alten Eiche, das sich im Spiel wilder Formen verzweigt, oder an die kunstvollen Gemälde vorbeiziehender Wolken. In der Natur kommen aber auch symmetrische und regelmässige Formen vor, wie die Eiskristalle einer Schneeflocke, das geometrische Muster eines Blattes oder die rundgeschliffenen Kieselsteine in einem Flussbett. Wir werden aber in der Natur dieselbe Form nicht zweimal wiederfinden.

Übergänge Bei weichen Übergängen kann das Qi sanft fließen. An der klaren Form seiner Krone erkennen wir einen Baum schon von weitem, je näher wir aber kommen, desto mehr lösen sich seine Umrisse im dichten Blätterwerk auf.

Bewegung Immer liegt dem Qi-Fluss eine natürliche Bewegung zu Grunde. Sie erfolgt schneller oder langsamer, wird aber immer gelenkt und gehalten. Sie ähnelt der gemächlichen Bewegung eines in Mäandern zu Tale fließenden Wasserlaufes. Wir erkennen sie in den Wellen, die unermüdlich über den Sand rollen, im leisen Zittern von Gräsern oder in allmählichen Veränderungen der Natur.

Lebensraum Die Bewegung des Qi in der Natur schafft Lebensräume. In den Nischen und Auswaschungen natürlicher Flussufer leben unzählige Pflanzen und Tiere. In den unwirtlichen Meeresklippen graben Wind und Wasser Höhlen und Spalten, in denen heute seltene Vögel nisten. Ein Baumstamm, der mit den Jahren gealtert und morsch geworden ist, beherbergt in seinen Hohlräumen und unter seiner alten Rinde tausende kleinster Lebewesen – eine der wichtigsten Nahrungsquellen für die Vögel.

Eindruck von Vitalität, gesunde Bäume und Sträucher, blühende Artenvielfalt, singende Vögel und tanzende Schmetterlinge sind immer verlässliche Hinweise auf das Vorhandensein eines lebhaften Qi.

Um die Qualität des Qi zu beurteilen, haben die chinesischen Fengshui-Meister die Formen der Landschaft und der Flussläufe, die Himmelsrichtungen, das Wachsen der Pflanzen und Tiere beobachtet. Es war ihre wichtigste Aufgabe, einen Standort mit gutem Qi zu bestimmen. Nicht nur die Verstorbenen sollten an den besten Plätzen in der Landschaft ruhen, auch für die Bauten der religiösen Zeremonien suchten sie günstige Orte. Schließlich sollten auch die Dorfbewohner selbst an einem Standort mit möglichst gutem Qi leben, damit ihnen Glück und Reichtum gewiss war.

Das besonnene und vorurteilslose Betrachten seiner Umgebung ist eine gute Voraussetzung, um das Qi eines Ortes zu erspüren. Wir schreiten in Gedanken oder in Wirklichkeit jeden Bereich unserer Umgebung ab, betrachten alles so unbefangen, als ob wir es zum ersten Mal in unserem Leben sehen würden. Es ist wichtig, dass wir alles sehr genau beobachten, auch Kleinigkeiten wahrnehmen und uns dabei viel Zeit lassen. Wir gehen in aller Ruhe voran, verweilen bei unseren Betrachtungen und lassen unsere Gedanken, Empfindungen und inneren Bilder auftauchen. Meist werden wir erstaunt sein über die Fülle und Klarheit der Informationen, die wir aus unserem Innern abrufen können.
Manchmal kann dies genug Anstoß sein, Dinge zu erkennen, die wir im Grunde schon längst wussten, aber nicht wahrhaben oder nicht mehr sehen wollten. Der Busch neben dem Gartentor, der viel zu groß geworden ist, der mit seinen Ästen die Hausnummer verdeckt und mit seinen stachligen Blättern jeden Eintretenden zu einer unmerklichen Verrenkung des Kopfes zwingt. Warum haben wir ihn im letzten Frühjahr nicht zurückgeschnitten oder ausgegraben und durch einen weiß blühenden Flieder ersetzt, wie wir es schon lange vorhatten? Das Firmenschild vom alten Ort haben wir wieder verwendet. Unter der großen Lampe kommt es aber überhaupt nicht mehr zur Geltung und liegt bei Kunstlicht immer im Schatten. Sollten wir es nicht durch ein neues, größeres ersetzen und es auf der freien Seite neben der Türe anbringen?

Das Qi des Menschen

Jeder Ort hat ein ihm eigenes Qi. Ob es uns dort wohl ist, hängt von der vorhandenen Qi-Qualität ab, aber vor allem davon, ob diese in uns angenehme, freudige Gefühle auslöst. Wie das Qi eines Ortes mit unserem eigenen harmoniert, ist bei der Suche nach einem neuen Wohnort eines der wichtigsten Kriterien.

Vieles kann zu einem lebendigen Qi beitragen: Pflanzen, Formen, Farben, Licht, Düfte, Geräusche. Der größte Einfluss aber geht von uns Menschen aus. Mit unserer Präsenz und inneren Einstellung sind wir wichtige Energieträger, die das Qi eines Ortes mitgestalten. Die wunderbare Ruhe eines beschaulichen Zen-Gartens kann durch das Erscheinen einer lärmenden Schulklasse im Nu dahin sein, der ständige Streit zwischen den Arbeitskollegen

Der Qi-Fluss in der bebauten Umgebung

Wählen wir einen neuen Ort zum Wohnen oder Arbeiten aus, ist es wichtig, dass wir das Qi unserer zukünftigen Umgebung erfassen können. Worauf richten wir unsere Aufmerksamkeit? Welche Fragen stellen wir uns?

Umgebung Welchen Eindruck erhalten wir von den Straßen, der Bebauung, den Freiräumen? Wohnliche Häuser, Blumen an Fenstern und Balkonen, eine gepflegte Bausubstanz und gut in Stand gehaltene Spielplätze deuten auf ein lebendiges Qi einer Wohngegend hin.

Garten Wie gefällt uns der Garten? Finden wir darin viele unserer Lieblingspflanzen, scheinen die Besitzer einen grünen Daumen zu haben und liegt der besonnte Sitzplatz genau so, wie wir es uns immer vorgestellt haben, dann scheint das Qi des Gartens nicht nur kräftig, sondern auch unser eigenes Qi angenehm anzusprechen.

Zugang Wie sieht die Zufahrt zum Grundstück aus, wie gefällt uns das Gartentor, wie erleben wir den Hauseingang und welche Empfindung weckt der Wohnungseingang in uns? Viel Aufmerksamkeit müssen wir auf die Zugänge und Eingänge richten, da dort, wie bei einem Mund, das meiste Qi, das einen Ort belebt, eintritt. Sind wir von dem, was wir sehen, angetan, können wir dies positiv vermerken.

Haus Welche Form hat das Haus, die Wohnung, das Büro, wie sind die Räume zueinander angeordnet, wie die Türen und Fenster? Sind die Räume lichtdurchflutet, ohne dass durch zu große Öffnungen die Geborgenheit verloren geht; erlauben ihre Proportionen, dass wir uns ausbreiten können und zugleich noch zentriert bleiben; sind die Zimmer genügend groß, dass sie Platz für uns und unsere Gegenstände bieten ohne dass wir uns dabei verlieren; ist die Wohnung so übersichtlich, dass wir uns frei bewegen können? Der Grundriss eines Hauses, einer Wohnung, eines Büros, in dem wir uns täglich aufhalten, übt auf das Qi einen entscheidenden Einfluss aus. Können wir die Fragen bejahen, sind sicherlich viele gute Voraussetzungen für ein kräftiges und lebhaftes Qi gegeben.

Ein Balkon und ein Gartensitzplatz, wo wir ins Freie gelangen können, eine praktische und gemütliche Küche, in der es sich gut kochen lässt, können das Qi einer Wohnung oder eines Hauses ebenso positiv unterstützen.

Einrichtung Entscheidend für die Atmosphäre unserer Wohn- oder Arbeitsumgebung ist die Art, wie wir uns einrichten. Hier haben wir einen großen Spielraum, um die Qualität des Qi zu beeinflussen und es auf uns persönlich abzustimmen.

Bewohner Ferner sollten wir unser Augenmerk auch auf den Eindruck richten, den wir von den Menschen, die wir sehen, und von der Lebensweise, die wir beobachten, erhalten. Belebte Läden, ein immer ausgelasteter Dorfsaal,

Omen rege benutzte Sportanlagen, ein bekannter Kirchenchor können Ausdruck eines lebendigen Qi eines Dorfes sein. Eine Gruppe von Anwohnern, die sich auf der Bushaltestelle angeregt unterhalten, Kinder, die auf einer Wiese herumtoben, das Rentnerehepaar, das uns im Erdgeschoss freundlich begrüßt können unser eigenes Qi positiv zum Schwingen bringen. Auch scheinbare Zufälle und Belanglosigkeiten sollten wir nicht unbeachtet lassen. Gerade die Freude, die wir empfinden, wenn die Amsel in dem Augenblick ihr Abendlied in den Himmel schmettert, da wir zum ersten Mal aus unserem neuen Wohnzimmerfenster blicken, kann uns die unbegründbare Gewissheit vertiefen, dass der Ort für uns stimmt.

vergiftet die Atmosphäre auch im schönsten Büroraum. Manchmal können wir die Mängel unserer Wohnung nicht beheben. Indem wir aber beschließen, diese anzunehmen, verändern wir unser eigenes Erleben und damit die Atmosphäre unserer Wohnung.

Als Schwingung kann Qi an einem Ort weiterwirken, auch wenn seine Energieträger nicht mehr vorhanden sind. Es gibt Räume, die so gefüllt sind mit der Präsenz einer Person, dass wir glauben, diese müsse jeden Moment zur Türe hereinkommen, auch wenn sie im Ausland weilt. Im Fengshui wird der Geschichte eines Ortes großer Wert beigemessen und sie wird in die Beurteilung der vorhandenen Qi-Qualität miteinbezogen. Stand früher an dem Ort, wo die expandierende Firma ihren neuen Geschäftssitz bauen will, eine kleine Manufaktur, die über Jahrzehnte blühte, gilt dies als sehr günstig. Von der Familie, die vor uns im Haus wohnte, erfahren wir, dass es ihnen dort überaus gut gegangen sei, dass sie aber ein geräumigeres Haus für die inzwischen gewachsene Familie brauchen. Dann können wir uns glücklich schätzen, von so vielen lebhaften und guten Energien unserer Vorgänger zu profitieren.

Die Schattenseite des Qi
Wie jede Erscheinung hat auch das Qi seine Schattenseite. Wo Qi für Vitalität sorgt, entzieht sein Gegenspieler, genannt Sha, dem Leben Kraft, erzeugt Stress und Unwohlsein. Es ist der Atem der Natur, der übelriechend geworden ist, der kein Leben mehr spendet, sondern verhindert. Sind wir Orten und Situationen mit viel Sha ausgesetzt, kann sich dies mit der Zeit auf unsere Stimmung und Gesundheit niederschlagen. Häuser, die in ihrer Umgebung oder im Innern viel Sha haben, sind öfters reparaturbedürftig, altern schneller und sind häufiger von Bauschäden befallen.

Ein lebhafter Qi-Fluss gleicht einem Bergbach, der munter zu Tale fließt und dort zu einem friedlich dahinziehenden Fluss wird. Im Dorf sind seine Uferpromenaden geselliger Treffpunkt der Bewohner. Ein Bach oder Fluss in dieser Art ist ein wichtiger Lebensfaktor und trägt viele Eigenschaften, die wir auch mit der Vorstellung eines lebendigen Qi-Flusses verbinden.

Es gibt aber viele Gründe, die Wasser in einen reißenden, Verwüstung und Tod bringenden Strom verwandeln können. Übermäßige Regenfälle, künstliche Flussverbauungen, Regen, der nicht mehr im Boden versickert, ein Baum, der sich genauso in den Fluss legt, dass das gestaute Wasser mit Gewalt einen neuen Weg sucht. Der kleine, liebliche Bach und die reißenden Fluten sind nicht zwei voneinander unabhängige Erscheinungen. Der zerstörende Aspekt des Wassers ist als Potential immer vorhanden. Sha stellt die Schattenseite des Qi dar, die nur dann in Erscheinung tritt, wenn Qi sich nicht mehr seinem Wesen entsprechend entfalten kann. Wird sein natürlicher Fluss in unpassende Formen gezwängt, wird er zu schnell und rast dahin. Das Qi verliert seine Fähigkeit Leben zu fördern, seine Schattenseite tritt hervor, greift das Leben an und behindert es. Missachtet der Mensch die Gesetze der Natur und trifft sein unbedachtes Eingreifen mit dem Wirken von Naturgewalten zusammen, kann die Folge ein so heftiger Ausbruch von Sha-Energien sein, dass sie das ursprüngliche Qi, aus dem sie entstanden sind, ganz auslöschen.

Sha muss sich längst nicht immer in so dramatischer Form zeigen. Wird ein natürlicher Flusslauf begradigt und künstlich eingedämmt, geschieht dies mit der Absicht Städte, Dörfer, Felder und Weiden zu schützen und neues Land zu gewinnen. Drohende Überflutungen in der näheren und weiteren Umgebung sollen besser in Schach gehalten werden. Der Preis ist jedoch die Verminderung der Wasserqualität und Zerstörung von Lebensraum, den ein natürliches Wasser bietet. Zudem handelt sich der Mensch die Gefahr ein, dass in extremen Situationen seine Verbauungen dem heranströmenden Wasser nicht standhalten und die Folgen davon um so verheerender sind. Das Wasser fließt zwar kontrolliert, aber zu schnell, zu eintönig und zu gerade. Es fehlen die Windungen, die Wirbel, die Nischen, die durch die natürliche Bewegung des Wassers entstehen und in denen das Leben gedeihen kann. Durch sein Eingreifen versucht der Mensch die Schattenseite des Wassers besser in Griff zu bekommen, beschneidet aber damit das Qi des Wassers und lässt aus dem Fluss einen Träger von Sha-Energien werden.

Die Energie ist zu intensiv

Sha ist der Ausdruck von Lebensenergien, die zu schnell fließen, zu gerichtet auf uns zeigen, zu abrupt sich verändern, zu kraftvoll sind, als dass wir sie auf die Länge hin ertragen könnten. Die Energien sind so gebündelt, dass sie auch als geheime Pfeile bezeichnet werden, die uns treffen und verletzen, ohne dass wir uns dessen immer bewusst sein müssen.

Die Fähigkeit mit solch intensiven Energien wie Sha umzugehen, ist bei jedem Menschen verschieden. Es gibt Menschen, die in gefährlichen Situationen über sich hinauswachsen, die im Rampenlicht ihre Bestleistungen erbringen und die sich besonders in

Der »Morgenstern« auf dem Dorfplatz

Diese Eisenplastik ziert den Platz vor dem neuen Gemeindezentrum. Von den Bewohnern als Ausdruck ihrer Aufgeschlossenheit gegenüber der modernen Zeit gedacht, sollte das Kunstwerk zum schmückenden Wahrzeichen des kleinen Dorfes werden. Betrachten wir es unter dem Blickwinkel des Fengshui, was können wir darüber aussagen? Am eindrücklichsten sind wohl die riesigen, scharfen Eisenspitzen, die sich in die Luft bohren. In einem weiten Umfeld schaffen sie ein dichtes Netz scharfer Sha-Energien, die jeden Besucher dazu anhalten, einen weiten Bogen zu schlagen. Dann fällt die starke Unausgewogenheit auf, die durch die schwebende Kugel und ihre schräge Aufhängung entsteht, und die jeden Fußgänger veranlasst, beim Vorbeispazieren auf der sicheren Seite zu bleiben. Ferner weckt dieser rostige Feuerball wohl bei jedem Schweizer die Erinnerung aus der Schulzeit an den »Morgenstern«, eine von den alten Eidgenossen erfundene Waffe, mit der sie im Krieg ihren Gegnern erfolgreich den Kopf eingeschlagen hatten – Bilder, die beim Betrachten der Plastik das eigene Qi kaum in eine offene, friedliche Stimmung versetzen.

Tatsächlich entspricht der Eindruck, der von diesem Kunstwerk ausgeht, eher der Situation dieser kleinen Gemeinde. Erhöht, über einem der schönsten Seen der Schweiz gelegen, grenzte es früher an eine weite, unberührte Riedlandschaft, die heute beiderseits seiner Gemeindegrenze als Naturschutzgebiet ausgeschieden ist. In den sechziger Jahren hatten findige Köpfe entdeckt, dass sich aus diesen einmaligen Landschaften Kapital schlagen ließ und damit begonnen, mit technischen Eingriffen und legislativen Kniffen das Gebiet in eine Zone für touristische Nutzung umzuwandeln und das Land Stück für Stück an interessierte Feriengäste zu verkaufen.

Heute erstreckt sich über das ganze Gemeindegebiet eine dichte Ansammlung von Ferienhäusern, Mobilheimen, Wohnwagen und Zeltplätzen. In der Feriensaison übersteigt die Zahl der Auswärtigen um ein Vielfaches die Zahl der Dorfbewohner, die meiste Zeit des Jahres bleibt das riesige Ferienquartier unten am See aber leer. Obwohl der kleinen Gemeinde und dem lokalen Gewerbe einige wirtschaftliche Annehmlichkeiten erwachsen sind, ist die Beziehung zwischen den französisch sprechenden Einheimischen und den meist deutschsprachigen, neuen Landbesitzern wegen Meinungsverschiedenheiten über die Höhe von Abgaben, gestellten Rechnungen, der Berappung neuer Werkleitungen und Straßenbeläge und vielem mehr erheblich gespannt.

Fengshui besagt, dass die Gegenstände, mit denen wir uns umgeben, Ausdruck unserer inneren Einstellung sind. Wir können uns die Frage stellen, ob die kleine Gemeinde doch ein zu ihr passendes Kunstwerk gewählt hat.

Kampfsituationen profilieren. Der Umgang mit Sha-Situationen ist wie ein Tanz auf Messers Schneide, der uns herausfordert und unser Erleben steigert, unser Bewusstsein erweitert oder uns als Versager körperlich und seelisch versehrt und im schlimmsten Fall ohne Leben zurücklässt.

Trotz des Wissens um einen möglichen Absturz fasziniert uns das Lebensgefühl, das entsteht, wenn sich die Energien in uns und um uns herum beschleunigen und verdichten. Die Zeitungsmeldungen, die von Leuten berichten, die vierundzwanzig Stunden ohne Unterbruch Rock'n'roll tanzen, um in das Buch der Guiness-Weltrekorde zu gelangen, die in den Bergen aus erhabener Höhe in die Tiefe stürzen, die beim Fahren mit überhöhter Geschwindigkeit die Herrschaft über ihr Fahrzeug verlieren, zeugen davon. Wirkt Sha auf uns ein, laufen wir Gefahr, dass sich unser Qi zusammenzieht, nicht mehr fließt, und wir neben unsere Mitte geraten. Wo ständig potentielle Gefahr besteht, wo Situationen nur mit einem Entweder/Oder ausgehen können, fehlen die Nischen, in denen sich das Leben in seiner Alltäglichkeit und mit all seinen Widersprüchen ausbreiten kann, und die Zwischenräume, in denen wir ohne äußere Anforderungen auftanken können.

Sha kann auch in Form kleiner, täglicher Störungen auf uns einwirken. Wir beachten diese kaum, aber dank unermüdlichen Wiederholungen können sie mit Effizienz unser Leben beeinträchtigen und es aus dem Gleichgewicht bringen.

Die Energie stagniert

Es gibt aber nicht nur den überbordenden Gegenspieler, Qi hat noch eine ganz andere Schattenseite. Gehen wir zum Bild des Flusses zurück. In der weiten Ebene ist aus ihm ein breiter, träger Strom geworden. Da in der flachen Landschaft das Gefälle fehlt, entstehen nach jedem starken Regen Seitenarme, in denen das Wasser über längere Zeit liegen bleibt. Aus den Tümpeln steigt allmählich ein modriger Geruch von faulenden Pflanzen auf, Tiere verwesen, da ihnen der Sauerstoff fehlt. Schwärme von Mücken lassen jeglichen Aufenthalt für Menschen unangenehm werden.

Die reinigende, natürliche Bewegung des Wassers ist verloren gegangen, das Wasser hat sein Qi eingebüßt. Ohne Bewegung kann sich das Leben nicht erneuern. Qi muss immer in Fluss sein – wird dieser passiv und zu schwach, kann es sich nicht mehr entfalten.

Wir alle kennen diese Zeiten, wo uns im Leben alles zwischen den Fingern zerrinnt, wir uns ausgelaugt und leer fühlen und wo es in unserer Umgebung meist entsprechend aussieht. Auf unserem Schreibtisch stapeln sich unerledigte Rechnungen, aus dem Wäschekorb quillt die ungewaschene Wäsche, wir finden einfach nichts mehr und unser Garten gleicht einem kleinen Urwald.

Wollen wir unsere Vitalität und Gesundheit langfristig erhalten, sind wir in unserem Alltag wohl alle auf eine vorhersehbare Verlässlichkeit und gewisse Beständigkeit angewiesen. Dieses Pendeln um die eigene Mitte ist das, was unserem Leben Halt und Stabi-

Das verlorene Gleichgewicht

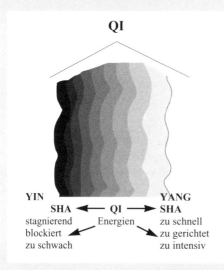

Gemäß der Philosophie des Yin und Yang fängt die Lebenskraft Qi dann an zu wirken, wenn die beiden Urpole sich aus ihrer Vereinigung gelöst haben und in ihr ständiges Wechselspiel übergegangen sind. Je ausgeglichener das Spiel, desto beständiger fließt das Qi, je kräftiger die Urpole, desto lebhafter wird der Qi-Fluss. Vergegenwärtigen wir uns, wie Sha entsteht, fällt es uns leicht zu erkennen, dass die beiden Richtungen, in die Qi umschlagen kann, mit dem Wirken der Grundenergien zusammenhängt. Ist die Yang-Energie im Übermaß vorhanden, wird der Qi-Fluss zu intensiv, ist es die Yin-Energie, wird er zu kraftlos.

Es wäre zu einfach Qi als positive und Sha als negative Energie zu bezeichnen. Sha existiert nur auf dem Hintergrund von Qi, Sha ist die Energie, die entsteht, wenn die Lebensvorgänge verrückt spielen, zu extrem geworden sind oder wenn sie sich zurückgezogen haben, unscheinbar und saftlos geworden sind und das Leben nicht mehr nähren. Im Fengshui wird diese lebensfeindliche Energie eigentlich Sha-Qi genannt, eine Begriffsverknüpfung, die in sich unlogisch ist, aber die fehlende Eigenständigkeit der Sha-Energien gut zum Ausdruck bringt.

lität verleiht und am ehesten dem gemächlich in sanften Windungen dahinfließenden Qi entspricht. Harmonie allein aber befriedigt auf Dauer nicht, vollkommene Ausgeglichenheit wird mit der Zeit langweilig. Sha gehört zum Leben. Störungen, ob wir sie suchen oder nicht, machen unser Leben erst zu dem, was es ist, nämlich voller Abwechslung, Überraschungen und Herausforderungen. Was wäre die Schönheit einer blühenden Rose ohne ihre Dornen. Was wäre die banale Story eines Krimis ohne seine nervenkitzelnde Verpackung, was die Fahrt auf der Achterbahn ohne angstvoll erwarteten, lustvollen Sturz in die Tiefe, was das Leben ohne die Zeiten des Stillstandes und des Umbruchs.

Sha vermeiden

Fengshui empfiehlt uns, im Alltag Sha auszuweichen. Besonders an Orten, wo wir uns oft und lange aufhalten, erholen, Energien umsetzen und erneuern wollen, sollten wir

Sha vermeiden, denn gute Geschäfte und aufbauende Kontakte unter Menschen können durch Sha unliebsam gestört werden. In unserer Wohnung gilt dies vor allem für die Plätze, wo wir schlafen, essen, kochen und arbeiten. In einem Geschäft muss jeder Arbeitsgang gut funktionieren. Kein Arbeitsplatz sollte Sha ausgesetzt sein, aber besonders wichtig sind im Fengshui der Arbeitsplatz des Inhabers oder leitenden Vorgesetzten und der Standort der Kasse. Da Qi über den Zugang in ein Grundstück, über den Eingang in ein Haus, über Fenster und Türen in ein Zimmer fließt, sollte die Lebenskraft besonders dort nicht durch Sha gestört werden. Im Fengshui gelten Bauten mit Eingängen, die von Sha betroffen sind, als ungünstig und es gibt viele unheilvolle Geschichten, die sich um solche Häuser ranken.

Die Energien eines Ortes werden durch die vorhandene Qi-Qualität und allfällige Sha-Einflüsse bestimmt. Dem Begriff des Sha haftet zuweilen etwas Dunkles und Geheimnisvolles an. Versuchen wir aber die alte chinesische Vorstellung von Qi und Sha mit unserer heutigen Denkweise zu verstehen, erkennen wir bald, dass damit viele einleuchtende und pragmatische Empfehlungen verbunden sind. Diese helfen uns, unseren ohnehin genug gestressten Alltag nicht durch störende Einflüsse, die wir mit einiger Umsicht umgehen oder vermindern könnten, unnötig zu belasten.

Sha in unserer Umgebung

• Die Energien fließen zu schnell

Gerade Wege, Strassen	Auf langen, geraden Wegen und Straßen fließen die Energien ohne Halt und zu schnell. Häuser, auf die eine gerade Straße zuführt oder die auf der Außenseite einer Kurve liegen, sind diesen Einflüssen ungeschützt preisgegeben und haben einen ungünstigen Standort. Führt die Straße hinab, sind sie der Gefahr von Überschwemmungen oder außer Kontrolle geratener Fahrzeuge ausgesetzt. Darüber hinaus ziehen solche Häuser vermehrt die Aufmerksamkeit fremder Passanten und neugierige Blicke der Nachbarn an oder werden durch einfallendes Scheinwerferlicht und andere unerwünschte Einflüsse beeinträchtigt. Besonders stark ist die Wirkung, wenn der Zugang, der Hauseingang oder die Fenster betroffen sind.
Lange, gerade Korridore	In langen, schmalen Gängen zieht die Energie so schnell hindurch, dass sie an den Räumen nur vorbeifließt, ohne diese zu beleben. Durch ein Fenster oder eine Türe am Ende des Ganges wird diese Wirkung noch verstärkt.
Eingang	Liegt der Eingang einem Ausgang gegenüber, verlassen, bildlich gesprochen, die einströmenden Energien das Haus, ohne darin zu verweilen.

Türen	Führt eine Treppe direkt auf die Haus- oder Wohnungstüre zu oder befindet sich der Lift gegenüber dem Ausgang, rollen die Energien buchstäblich hinaus. Die Türe ist der Ort, wo wir einen Raum betreten und wieder verlassen und am meisten Bewegung stattfindet. Der Bereich in der Verlängerung der Türe ist kein ruhiger Ort und deshalb sollten wir es vermeiden, unseren Arbeits-, Schlaf- oder Essplatz dort einzurichten. Liegt die Türe am Ende eines Ganges, am Fuße einer Treppe oder gegenüber dem Fenster, verstärkt dies die Unruhe.

● **Bremsen und Verteilen**

Schnelle Energien bremsen und verteilen	In natürlichen Gewässern sorgen häufig Wirbel für ein lebendiges Fließen. Im Fengshui werden oft künstliche »Wirbel« eingesetzt, um die beschleunigten Energien zu bremsen und zu verteilen. Klassische Fengshui-Hilfsmittel sind hierfür alle Arten von Windspielen. Darüber hinaus gibt es noch weitere Möglichkeiten, um das Sha zu besänftigen: Ein Kreisel auf einer befahrenen Straßenkreuzung vermindert die Unfallgefahr; Blumenbeete oder Brunnen unterteilen lang gezogene, gerade Gartenwege in kleinere Abschnitte und sorgen dadurch für einen sanfteren Qi-Fluss. Bewusst gewählte Muster auf Bodenbelägen, Wänden und Decken, beispielsweise Querstreifen, oder eine entsprechende Möblierung, verlangsamen den Energiefluss. Schwere Gegenstände, wie große Steinguttöpfe und behäbige Schränke haben ebenfalls eine stabilisierende Wirkung. Ein schönes Beispiel hierfür sind die Steinfiguren auf vielen alten Brückenköpfen, die die kanalisierte, beschleunigte Energie auf der Brücke wieder auffangen.

● **Die Energien sind zu gerichtet**

Kanten, Ecken	Um Kanten und Ecken herum verdichten sich die Energien so stark, dass sie zu konzentriert und aggressiv werden. Zeigt eine Ecke eines Nachbarhauses auf das Fenster unserer Wohnküche, verspüren wir vielleicht ein leises Unbehagen. Zu Tisch setzen wir uns an die Breit- oder Längsseite und nur, wenn alle Plätze besetzt sind, nehmen wir mit dem Platz an der Tischecke vorlieb. Dass spitze Ecken, die auf unseren Körper zeigen, uns nicht bekommen, zeigt auch die Redewendung, die besagt, dass ein junges Mädchen sich nicht an die Tischecke setzen soll, da sie sonst sieben Jahre nicht heiraten wird.
Spitze Formen	Alles, was zu gerichtet auf uns zukommt, kann Unbehagen auslösen. Ein Pullover, der zwar originell aussieht, aber mit seinem dekorativen Dreieck genau auf unseren Kehlkopf zeigt, die hübsche Weihnachtsdekoration in einem Restaurant, die mit ihren goldenen Spitzen über dem Kopf des Gastes schwebt: Dies sind Einwirkungen, die unbewusst Stress verursachen.

Dachkanten	Dächer, die mit ihrem Giebel oder ihrer Dachneigung auf unser Haus zeigen, können störend sein, vor allem, wenn sie auf unseren Eingang weisen.
Schroffe Übergänge	Sha-Energien können auch an schroffen Übergängen entstehen. Radiästheten stellen über Gesteinsverwerfungen oft starke Störfelder fest und raten den Bewohnern ab, sich darüber aufzuhalten. Abrupte Materialwechsel, scharfe Kontraste, eine Baulücke in einer geschlossenen Häuserzeile, die plötzliche Blendung, wenn wir von einem düsteren Gang in ein grell beleuchtetes Zimmer eintreten, all dies sind Situationen, die Irritationen hervorrufen können.
Disharmonie	Sha tritt auch in der Verlängerung einer Hausmauer oder Wand auf. Wenn wir beim Blick aus dem Fenster nur die Hälfte der Aussicht sehen oder beim Betrachten unserer Wohnung, bildlich gesprochen, das rechte Auge nicht dasselbe sieht wie das linke, fühlen wir uns auf Dauer beeinträchtigt.

- **Ausweichen oder abschirmen**

Fengshui empfiehlt zu gerichteten Energien auszuweichen. Ist dies nicht möglich, kann ihre Wirkung gemildert werden. Ein Baum vor der Hausecke, eine Pflanze, ein weicheres Tuch, eine Lampe vor der Mauerkante beim Essplatz helfen Sha abzuschirmen.

Es gibt viele Beweggründe, die hinter der Wahl der Dinge stehen, mit denen wir uns umgeben wollen. In jedem Fall sollten wir aber darauf achten, wie sich ihre Formen in Bezug auf Qi und Sha verhalten. Wir können abwägen, ob die Pflanze mit den spitzen Blättern beim Eingang richtig steht, ob das kraftvoll gezackte Muster unserer Lieblingsdecke ins Gästezimmer passt oder ob sich das Bild mit den kantigen Abstraktionen für die Besprechungsecke an unserem Arbeitsplatz eignet.

- **Die Energien stagnieren**

»Gerümpel«, Unordnung Überflüssiges	Qi befindet sich in ständiger Bewegung und im Austausch. Orte mit stagnierenden Energien in unserer Umgebung rufen eine Reaktion im Qi-Fluss unseres Inneren hervor. Der Anblick des Stapels alter, verstaubter Zeitungen im Wohnzimmer, durstiger Zimmerpflanzen mit hängenden Blättern oder überwuchernder Sträucher im Garten lösen in uns Unbehagen aus. Auch wenn dieses unbewusst bleibt, wird es sich als Stockung in unserem eigenen Qi-Fluss niederschlagen. Wer kennt nicht das lähmende Gefühl, das uns im Büro beim Anblick von unüberwindlich gewordenen Papierbergen oder in der Wohnung beim Öffnen eines übervollen Schrankes überfällt.
Tote Ecken	Sind Möbel so aufgestellt, dass sich die Türen nicht frei in den Raum öffnen lassen, wird der Qi-Fluss behindert. In unzugänglichen Zwi-

schenräumen neben Gestellen, Schränken, Betten und Tischen sammeln sich nicht nur Staub, sondern auch abgestellte und vergessene Gegenstände an.

Kaputte Geräte, ausgebrannte Glühbirnen, angefangene und liegen gelassene Näharbeiten oder unverräumte Ferienandenken können zu Inseln von stagnierendem Qi im Haus werden.

Kranke Pflanzen, trübes Wasser	Kränkelnde Pflanzen, ein vor langer Zeit angelegter Gartenteich, der inzwischen verschlammt und dessen Wasser trüb ist, ein mit kaputten Spielsachen übersäter Sandkasten, ein seit Jahren unaufgeräumter Geräteschuppen – all dies sind Bereiche, die in unserem Garten den Qi-Fluss hemmen und behindern.
Behinderter Eingang	Der Qi-Fluss bei Hauszugängen wird durch wuchtige Bäume, schwere Steine und andere Hindernisse beeinträchtigt. Bei Eingängen, die kaum zu finden oder nur über »sieben Ecken« erreichbar sind, von Pflanzen eingewachsen oder von Kinderwagen, Fahrrädern und Containern verstellt sind, kann das Qi nicht frei in das Haus strömen.
Fensterlose Räume	In fensterlosen Räumen fehlt der Austausch von Innen und Außen. Innen liegende Räume, wie Badezimmer und Lagerräume bleiben trotz aller Vorkehrungen Orte, wo das Qi kaum fließen oder sich erneuern kann.
Behinderter Ausblick	Der Energiefluss kann auch durch einen behinderten Ausblick blockiert werden. Ein hohes Gebäude oder ein wuchtiger Baum vor unserem Fenster, eine Wand vor dem Arbeitstisch wirken bedrückend und lassen das Qi stagnieren.

- **Beleben und in Fluss bringen**

Gute Belüftung und Beleuchtung, Ausstattung mit Spiegeln sind Möglichkeiten im Inneren eines Hauses das Qi zu beleben. Allgemein bringen Übersichtlichkeit und Ordnung und die liebevolle Pflege des Vorhandenen das Qui zum fließen.

*Fünf Grundenergien formen alle
Erscheinungen dieser Welt.*

Die fünf Energieformen

Christina sucht ein Kleid für das Vorstellungsgespräch bei der neuen Firma. Natürlich möchte sie einen guten Eindruck machen. Unschlüssig steht sie vor dem offenen Kleiderschrank, neben ihr türmen sich die Kleider, die sie bereits anprobiert hat. Soll sie den roten Pullover mit der grünen Hose anziehen? Darin fühlt sie sich beschwingt und selbstsicher. Oder passt die hellgraue Bluse mit den gelben Tupfen besser zum Anlass? Diese unterstreicht ihre Ernsthaftigkeit, aber wirkt sie darin nicht zurückhaltend und scheu?

Vielleicht bespricht sie das Problem mit einer Freundin oder trifft ihre Wahl intuitiv. Sie könnte aber auch das Fengshui zu Rate ziehen. Formen, Farben und Materialien sind Ausdruck von Energien, die auf uns einwirken. Da sie klaren Gesetzmässigkeiten folgen, kann ihre Wirkung abgeschätzt, und bei der Auswahl der Kleidung, der Einrichtung von Wohnungen, der Planung von Gärten und in anderen Bereichen des Lebens bewusst eingesetzt werden.

Die chinesischen fünf Elemente
Im chinesischen Denken werden alle Erscheinungen unserer Welt fünf Grundkräften zugeteilt und zueinander in Beziehung gebracht. Die Lehre der *fünf Elemente* bildet einen der Grundsteine der alten chinesischen Naturphilosophie. Der chinesische Begriff wu xing, wörtlich übersetzt *die fünf Gehweisen,* wurde nicht ganz sinngemäss in die deutsche Sprache übertragen. Es handelt sich weniger um Elemente im eigentlichen Sinne, als um die Beschreibung von Energien, die sich in Bewegung befinden.

Auch bei den *fünf Elementen* geht es um eine differenziertere Betrachtung des Wechselspiels zwischen den beiden Grundkräften Yin und Yang. Wie auf die tiefe Dunkelheit der Nacht die Dämmerung und der Morgen folgen, bevor die Sonne am Mittag ihren Höhepunkt erreicht, ist der Übergang von Yin zu Yang nie abrupt, sondern allmählich und abgestuft. Diese Wandlung wurde in fünf Phasen unterteilt und diese als *die fünf Elemente* bezeichnet.

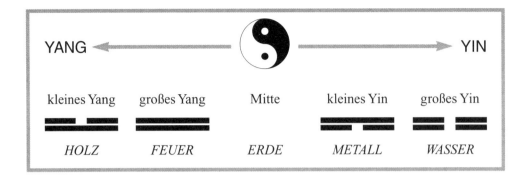

Jeder Energiezustand drückt sich auf vielfältigste Weise aus: in den Jahreszeiten, Phasen des menschlichen Lebens, Geschmacksrichtungen der Nahrung, Körperorganen und Gemütszuständen. Für das Fengshui sind vor allem die Manifestationen in Formen, Farben und Himmelsrichtungen wichtig.

Das Element Holz – das kleine Yang

Das Element *Holz* stellt eine sich rasch ausdehnende Energie dar. Wie die Säfte in einem Baum steigt sie aufwärts und verteilt sich in alle Richtungen. Diese ungestüme Kraft spüren wir im Frühling in der Natur: Die Yang-Kräfte nehmen zu, das neue Leben erwacht, über Nacht werden die kahlen Bäume in Blüten gehüllt. Alles sprießt und wächst sehr schnell.

Im menschlichen Leben wird das Element *Holz* durch die Zeit der Kindheit und Pubertät repräsentiert. Der Mensch steht am Anfang seines Lebens, alle Wege stehen ihm noch offen. Wachstum und Entwicklung gehen sehr schnell vor sich: Kaum haben wir für unser Kind neue Hosen gekauft, sind sie bereits zu kurz geworden. Die Spielsachen, die vor kurzem noch viel Freude bereiteten, werden abschätzig beiseite geschoben und das Kind wendet sich etwas Neuem zu.

Überall, wo etwas Neues seinen Anfang nimmt, ist das Element *Holz* vertreten: Die Sonne geht im Osten auf und ein neuer Tag beginnt, ein Kind wird geboren und neues Leben entfaltet sich, Ideen entstehen und werden weiterentwickelt. Nach der Rezession ist ein Aufschwung in Sicht, Unternehmungen werden gegründet und die Menschen sehen mit Zuversicht der Zukunft entgegen. Übertriebener Optimismus, Idealismus, aber auch der Glaube, dass mit technischen Mitteln alles machbar ist, sind Ausdruck zu starker *Holz*-Energien.

Holz-Energien manifestieren sich in hohen, aufrechten Formen und grünen, blaugrünen Farbtönen. Pflanzen sowie alle Stoffe, die aus Pflanzen hergestellt werden, wie Holz und Baumwolle, haben ebenfalls *Holz*-Eigenschaften.

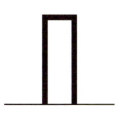

Form: hochstrebend
Farbe: Blaugrün
Material: Holz, Pflanzen
Himmelsrichtung: Osten

In einem Kindergarten unterstützt die frühlingshafte Energie des *Holzes* Wachstum, Entwicklung und Kreativität der Kinder. Pflanzen, ein Klettergerüst in Form eines Baumes, eine Veranda mit Säulen, frische grüne Farben und das Material Holz sind geeignete Gestaltungsmittel.

Der nährende, heilende Aspekt des *Holzes* kann besonders in Wohnungen, Spitälern und Krankenzimmern eingesetzt werden. Die grüne Farbe stimmt optimistisch, stimuliert das Knochenwachstum und wirkt wohltuend auf Leber und Gallenblase. Die heilende Wirkung von Pflanzen wird oft bewusst in die Therapie miteinbezogen. In manchen Kliniken der USA sind auf Dächern oder in der Umgebung »heilende« Gärten angelegt.

Das Element Feuer – das große Yang

Wenn die Yang-Kräfte wachsen, und die Energien zunehmend intensiver werden, verwandelt sich das frühlingshafte *Holz* in die pulsierende Energie des Elementes *Feuer*. Diese ausgedehnte, aktive Energie erleben wir im Hochsommer, aber auch jeden Tag um die Mittagszeit, wenn die Sonne im Süden ihren höchsten Stand erreicht und sich die Yang-Kräfte voll entfalten können.

Im menschlichen Leben zeigt sich das Element *Feuer* besonders intensiv in der Phase der Jugend. Das Kind ist erwachsen und drängt in die Welt hinaus. Der junge Mensch will die Welt erobern und aktiv beeinflussen. Er ist selbstbewusst, auf dem Höhepunkt seiner körperlichen Kraft. Es ist die Zeit der Ausbildung, aber auch der stürmischen Liebe.

Feuer – das große Yang – wird mit der Liebe und dem Intellekt in Verbindung gebracht. Die Vorstellung der »feurigen Liebe« ist uns im Westen vertraut. Den Zusammenhang zwischen *Feuer* und Intellekt können wir im ersten Moment nur schwer nachvollziehen. Rufen wir uns die zwei Grundkräfte in Erinnerung – Yang verkörpert die Idee, Yin die Materialisierung – wird die Zuordnung des großen Yang zu intellektuellen Leistungen naheliegend.

Wie zeigt sich *Feuer*-Energie in der Gesellschaft? Das öffentliche Leben pulsiert, rege Diskussionen werden geführt und hochgesteckte Ziele verfolgt. Die Wirtschaft expandiert und die anfängliche Aufbruchsstimmung verwandelt sich in Kampfgeist.

Spitze Formen und rote Farben gehören zum Element *Feuer*. Tierische Produkte, wie Leder, Wolle, aber auch Kunststoffe besitzen ebenfalls *Feuer*-Eigenschaften. Sparsam verwendet, regen spitze Formen und rötliche Farben den Intellekt an und können in Bibliotheken und höheren Schulen mit Erfolg eingesetzt werden. Da Rot eine starke Yang-Aufladung besitzt, gilt es als verkaufsfördernd und ist in chinesischen Läden besonders

Form: spitz
Farbe: Rot
Material: tierische Produkte, Kunststoffe
Himmelsrichtung: Süden

beliebt. *Feuer* ist eine sehr intensive Energieform, mit der wir vorsichtig umgehen müssen. Am falschen Ort eingesetzt, verursachen *Feuer*-Formen oft Sha. Stellen wir im Wohnzimmer neben dem Sofa eine Yucca-Palme auf, werden wir wegen ihren spitzen Blättern dort nicht lange entspannt sitzen können. Die rote Farbe stimuliert Aktivität, weckt unsere Sinnlichkeit, im Übermaß macht sie uns aber reizbar und kann Kopfschmerzen verursachen.

Das Element Erde – die Mitte

Wenn die Intensität der Yang-Energien den Höhepunkt erreicht hat, ist die Zeit der Umkehr gekommen. Der stille Moment, bevor das Yang in sein Gegenteil umschlägt, der Augenblick der Regungslosigkeit vor dem Wechsel der Jahreszeiten, zeigt sich im Element *Erde*. Diese sammelnde, zentrierende und stabilisierede Energieform erleben wir im Spätsommer. Der Sommer ist noch da, die Schatten aber werden länger und die Sonne milder. Die Kräfte in der Atmosphäre scheinen erdnah und dichter.

Nach der extrovertierten, durch Reisen und Geselligkeit geprägten Phase der Sommerferien freuen wir uns wieder zu Hause zu sein. Wir treffen endlich lang aufgeschobene Entscheidungen, kümmern uns um den Alltag und vertiefen uns wieder in ein Buch. Es ist kein Zufall, dass in vielen europäischen Ländern das neue Schuljahr in einer *Erde*-Phase, Ende August, beginnt.

Im menschlichen Leben drückt sich *Erde* im Erwachsenwerden aus. Die Sturm- und Drang-Periode des jungen Menschen ist vorbei. Er kommt von der Weltreise zurück, nimmt eine Stellung an und ist bereit, Verpflichtungen einzugehen. Aus der flammenden Liebe entsteht eine feste Beziehung, die erste gemeinsame Wohnung wird eingerichtet und vielleicht ist das erste Kind unterwegs.

Form: flach, quadratisch
Farbe: Gelb, Erdtöne
Material: Ton, Ziegel, Beton
Himmelsrichtung: Mitte

Das Element *Erde* hat mit Realität und Zuverlässlichkeit zu tun. In der Gesellschaft und Wirtschaft entspricht es der Zeit der Konsolidierung. Das politische Leben wird ruhiger, die Unternehmungen zunehmend realistischer. Um wichtige Ziele zu erreichen, ist man bereit, Kompromisse einzugehen.

Quadratische und rechteckige Formen sowie Farben in Gelbtönen strahlen die stabile und vertrauenerweckende Energie der *Erde* aus. Es ist interessant zu beobachten, dass in den Firmentafeln vieler Bauunternehmungen die Farbe Gelb zu finden ist. Wir erkennen das Element *Erde* auch in zierlosen Fassaden, kubischen Wohnüberbauungen, ebenen Plätzen, niederen, langgezogenen Mauern und überall dort, wo die Horizontale betont wird. Backstein- und Betonhäuser und Ziegeldächer verkörpern durch ihre Materialien ebenfalls das Element *Erde*. Eine Umgebung mit vorwiegend *Erd*-Eigenschaften vermittelt zwar Ruhe und Sicherheit, lässt aber eine gewisse Stimulation vermissen.

Orte, wo verschiedene Menschen für ein gemeinsames Ziel arbeiten müssen, können von den zentrierenden und sammelnden Kräften der *Erde* profitieren. Ein gelber Vorhang, ein frischer Sonnenblumenstrauss im gemeinsamen Sitzungszimmer sind einfache Mittel, um nach der Fusion zweier Firmen den Zusammenhalt zwischen den Mitarbeitern zu unterstützen.

Das Element Metall– das kleine Yin

Nach dem Sommer ziehen sich die Kräfte der Natur langsam zurück. Die Säfte der Pflanzen kehren in die Wurzel zurück, die Blätter welken und fallen ab. Die Yin-Phase beginnt mit dem Element *Metall,* dem kleinen Yin. *Metall* stellt verdichtete, nach innen gerichtete und erdnahe Energien dar. Auch für den Menschen wird im Herbst die materielle Umgebung wieder wichtig. Er zieht sich vermehrt in die Wohnung zurück, braucht die wärmenden Kleider und das schützende Haus.

Im mittleren Lebensalter erlebt der Mensch die komprimierte, materialisierte Energie des *Metalls* besonders stark. Er ist im Berufsleben, in der Familie und Gesellschaft fest eingebunden. Er hat einen festen Stand im Leben, hat etwas zu sagen, vielleicht sogar Karriere gemacht, fühlt sich aber oft durch Verpflichtungen und Sachzwänge eingeengt. Jede Minute ist fest verplant, die Zeit scheint sich zu verdichten.

Metall steht für Macht, finanziellen Erfolg und Einfluss. Die kleine Unternehmung ist eine Firma mit Rang und Namen geworden, deren Bilanzen sich sehen lassen können. Sie ist in der Wirtschaft fest eingebunden und trägt Verantwortung gegenüber den Mitarbeitern.

Form: rund
Farbe: Weiß, Hellgrau, silbrig
Material: Metall, Stein
Himmelsrichtung: Westen

Der Kreis ist die kompakteste aller Formen und drückt die verdichtete Energie des *Metall*-Elements aus. Wir finden sie in runden, geschwungenen Dächern, Kuppeln, Rundbögen und Gewölben. Die Farben des *Metalls* sind weiß, hellgrau, silbrig. Harte Steine, wie Granit, stellen eine kompakte, verdichtete Energieform dar und gehören zusammen mit dem Material Metall zu diesem Element. *Metall* wird mit Geld und Besitz in Zusammenhang gebracht. Runde Silbermünzen und -Ringe vereinigen in sich Form, Farbe und Material dieses Elementes. Auch Ringe hatten ursprünglich die Funktion, Besitztümer zu markieren.

Metall-Energien sind förderlich für Banken und Geschäftshäuser, auch in Werkräumen sind sie am richtigen Platz. In Wohnungen, besonders im Kinderzimmer und in der Küche sollten sie hingegen im Hintergrund bleiben und nur einen ausgleichenden Kontrast zu den anderen Elementen bilden.

Das Element Wasser – das große Yin

Im Winter erreichen die Yin-Kräfte ihren Höhepunkt. Die Energie sinkt nach unten, die gespeicherten Kräfte der Pflanzen ruhen in Samen und Kernen. Es ist die Zeit der höchsten Konzentration, die wie jede Verdichtung unweigerlich zur Auflösung führt. Das Element *Wasser* stellt den Übergang zwischen den stark zusammenziehenden Kräften des *Metalls* und den rasch ausdehnenden Energien des *Holzes* dar. Es ist die langsam auflösende, fließende Energie der Krisenzeiten, der luftleere Raum vor einem Neubeginn. Der Glaube, einen festen Stand im Leben zu haben, bröckelt ab. Die Karriere ist gefährdet oder uns nicht mehr wichtig. Die erwachsenen Kinder sind fortgezogen und die Wohnung scheint leer und leblos. Die eigenen Eltern werden alt und gebrechlich und wir müssen Abschied nehmen.

Das Element *Wasser* wird nicht nur mit Krise und Rezession in Verbindung gebracht, es ist auch das Element der Kommunikation. Wenn sich starre Strukturen auflösen und Energien zum Fließen kommen, fördert dies den Austausch von Gedanken. Alle Bereiche des Lebens, die mit Übermittlung von Ideen zu tun haben, gehören zum Element *Wasser*: Literatur, Musik, Post, Medien und Werbung. *Wasser* zeigt sich in unregelmäßigen oder fließenden Formen, in den Farben Schwarz und Dunkelblau. Ein schwarzer Flügel mit seiner geschwungenen Form bringt das Element der Musik besonders gut zum Ausdruck.

Form: unregelmässig
Farbe: Schwarz, Dunkelblau
Material: Glas
Himmelsrichtung: Norden

Das bunte Durcheinander verschiedenster Formen, das sich beispielsweise in einem bis zum Rand gefüllten Vitrinenschrank präsentiert, ist Ausdruck dieses Elementes. Zum Element *Wasser* gehört das Material Glas. Es vereinigt zwei Eigenschaften in sich. Es ist durchlässig, wie die Fensterscheiben unseres Wohnzimmers, oder reflektierend, wie der Spiegel an der Wand. Die Glasfassade des Bürohauses spiegelt am Tag die benachbarten Häuser und löst ihre eigene Form in dieser Spiegelung auf. In der Dämmerung verschwindet aber die schützende Spiegelung und die hell beleuchteten Büros zeigen ihr Innenleben.

Wasser, das große Yin, stellt eine starke Energieform dar, mit der wir, wie mit dem *Feuer,* vorsichtig umgehen müssen. Schwarz absorbiert nicht nur alle Farben, sondern auch unsere physische Kraft. Ein schwarzer Boden in einer Turnhalle spornt sicherlich nicht zu Bestleistungen an. Im Übermaß verwendet, kann es zu Passivität und zu Depressionen führen. In kleinen Flächen, als Kontrast oder Umrahmung, unterstreicht es hingegen die Wirkung anderer Farben und kann zu Klarheit beitragen.

Freie, fließende Formen in der Umgebung regen uns an, festgefahrene Vorstellungen loszulassen und uns für neue Ideen zu öffnen. Nehmen sie aber chaotische Züge an, verlieren wir leicht Halt und Orientierung.

Der Elementenzyklus

Die *fünf Elemente* werden so in ein System eingebettet, dass jeder Energiezustand mit den anderen vier in Beziehung tritt. Da alle Energien sich in ständiger Veränderung befinden, wird das System auch Transformationszyklus genannt.

Jedes Element hat mit jedem anderen auf eine bestimmte Art und Weise zu tun. Es gibt zwei grundlegende Arten von Beziehungen. Wie eine Mutter ihr Kind nährt, unterstützt das eine Element immer das nachfolgende. Wie ein Damm den anschwellenden Fluss in Schranken hält, hält ein Element immer ein anderes in Schach. So entsteht ein höchst dynamisches Gleichgewicht von Unterstützen und Unterstütztwerden, von Dominieren und Dominiertwerden, das unserer differenzierten menschlichen Wirklichkeit sehr nahe kommt.

Der nährende, unterstützende Zyklus   **Der kontrollierende Zyklus**

Die Lehre der *fünf Elemente* wurde in China in allen Bereichen des Lebens angewendet und bildete die wichtigste Grundlage der Medizin und der Astrologie. Sie schlug sich sogar in der Kochkunst nieder. Laut chinesischer Ernährungslehre werden die Speisen besonders vital und wertvoll, wenn wir die Zutaten beim Kochen in der Reihenfolge des nährenden Zyklus' beigeben.

Elemente im Alltag

Haben wir gelernt die Elemente zu erkennen und ihr Zusammenspiel zu begreifen, entdecken wir sie überall. Auf dem Sonntagsspaziergang sehen wir dann nicht einfach Berge, Bäume, Blumen, Gartenmauern und Häuser, sondern *Feuer, Holz, Metall, Wasser* und *Erde*. Es ist interessant, Häuser, Gärten oder Gegenstände im Hinblick auf den Transformationszyklus zu betrachten. Gibt es Elemente, die uns besonders ansprechen? Wie stehen Kombinationen von Farben und Formen, die uns gut gefallen im Elementenzyklus? Wir beobachten, dass wir den nährenden Zyklus eher harmonisch empfinden, entdecken aber auch, dass Kombinationen von Elementen im kontrollierenden Verhältnis nicht unbedingt Disharmonie bedeuten. Sie sind spannungsgeladen, aber gerade dadurch interessant. Denken wir an das Zusammenspiel von Schwarz und Rot, das die Spannung zwischen *Wasser* und *Feuer* in sich trägt, oder an das Zusammenspiel von *Erde* und *Holz*. In vielen alten Städtchen finden wir einen nahezu quadratischen Platz (*Erde*), in dessen Mitte eine kleine Steinfigur auf einem säulenförmigen Sockel (*Holz*) steht und die zusammen ein reizvolles Ensemble bilden.

Die Wirkung des Elementenzyklus' können wir in unserem Alltag an zahlreichen Kleinigkeiten erproben. Stört uns an unserem Arbeitsplatz das Kuppeldach der nahe liegenden Bank, stellen wir den kleinen Eiffelturm, ein Andenken an unsere letzte Paris-Reise, auf den Fenstersims. Das übermächtige Element *Metall* der Kuppelform wird durch das *Feuer* unseres kleinen Eiffelturms geschwächt und verliert an Einfluss.

Möchten wir die Wirkung des nährenden Zyklus in unserer Kleidung ausprobieren, stellen wir die Farben von unten nach oben in der entsprechenden Reihenfolge zusammen. Zum Beispiel: schwarze Schuhe (*Wasser*), grüne Hose (*Holz*), roter Pullover (*Feuer*), gelber Schal (*Erde*) und grauer Haarreif (*Metall*). Manchmal kann sich der kontrollierende Zyklus noch spannender und wirkungsvoller erweisen. In diesem Fall fahren wir von oben nach unten. Zum Beispiel: rote Halskette (*Feuer*), weiße Bluse (*Metall*), grüner Gurt (*Holz*), beige Hose (*Erde*) und schwarze Schuhe (*Wasser*). Wollen wir alle *fünf Elemente* einbeziehen, ergeben sich oft sehr eigenwillige Kombinationen. Wir können unserem westlichen Geschmack eher entsprechen, wenn wir uns auf weniger Elemente beschränken. Drei oder fünf Farben lassen das Qi fließen und wirken dynamisch, Zusammenstellungen hingegen mit zwei oder vier Farben haben eine statische, in sich ruhende Wirkung.

Zuordnungen

Alles auf der Welt kann in Bezug auf sein Element betrachtet werden. Gegenstände sind nur in Ausnahmefällen Ausdruck eines einzigen Elementes, meistens vereinigen sie

Der schönste Spitzhut

Wollen wir am kommenden Maskenball mit dem allerschönsten Spitzhut auffallen, können wir für unsere Überlegungen, wie der Hut aussehen soll, den Zyklus der fünf Elemente betrachten:

Die spitze Form des Hutes trägt das Element *Feuer* in sich. Selbstverständlich passt die rote Farbe bestens dazu, da Form und Farbe die gleichen Energien darstellen. Ein leuchtendes Grün bringt die spitze Form noch stärker zur Geltung, da Grün, als Element *Holz*, das *Feuer* nährt. Gelb hingegen bricht der Form die Spitze, da Gelb, als Element *Erde*, dem *Feuer* Energie entzieht. Dafür kommt die gelbe Farbe umso besser zum Tragen. Beim silbrigen und schwarzen Hut stehen die Elemente der Form und der Farben in Spannung zueinander. Das silbrige *Metall* wird durch das *Feuer* geschmolzen, *Feuer* seinerseits wird vom *Wasser* gelöscht. Gerade solche Spannungen aber können gestalterisch besondere Reize haben.

Und welchen Hut wählen wir jetzt? Denjenigen, der uns am besten gefällt.

---

mehrere in sich. In einem quadratischen Holztisch zeigt sich durch seine Form in erster Linie *Erde,* durch sein Material aber auch *Holz.* Alle Pflanzen haben sicherlich *Holz*-Energien in sich, durch ihre Form und Farbe stellen sie aber vielleicht ein anderes Element noch viel ausgeprägte dar. Im Zypressenbaum, in den roten Tulpen und Gladiolen erkennen wir das *Feuer,* in den weißen Hortensien das Element *Metall* und das dunkelblaue Stiefmütterchen vertritt durch seine Farbe das Element *Wasser.*

Betrachten wir die Zuordnungen zu den verschiedenen Elementen, entdecken wir bisher ungeahnte und ungewöhnliche Zusammenhänge. Was hat Nachdenklichkeit mit den süßen Speisen gemeinsam, was die helle Beleuchtung des Zimmers mit den Funktionen der Gallenblase? Verschiedenste Bereiche treten durch ihre Zugehörigkeit zum gleichen Element miteinander in Beziehung. Wollen wir ein verlorenes Gleichgewicht wieder herstellen, gibt uns dies die Möglichkeit, auf eine andere »Ebene« hinüberzuwechseln. Die Südseite unseres Gartens ist durch ein großes, hässliches Nachbarhaus beschattet oder durch einen nahen Hügel blockiert. Um das geschwächte Element *Feuer* in den Garten hineinzubringen, können wir eine Feuerstelle bauen oder leuchtend rote Blumen pflanzen. Natürlich haben wir dadurch die Mittagssonne nicht ersetzt, aber die Qualität des Südens auf eine andere Weise hereingeholt.

Ist unsere Tochter für ihr Alter zu ernsthaft und fällt sie leicht ins Grübeln, ist bei ihr das Element *Erde* übermäßig stark verteten. Es gibt verschiedene Möglichkeiten, die Dominanz der *Erde* zu schwächen. Wir können dem Mädchen vermehrt *Metall*-Energien zukommen lassen, um gemäß dem nährenden Zyklus der *Erde* Energien zu entziehen. Wir achten darauf, das ihr Zimmer stets gut durchlüftet ist, schenken ihr eine weiße Bluse und kochen ihr öfters scharfe Speisen.

Elemente und ihre Zuordnungen

Richtung	Osten	Süden	Mitte	Westen	Norden
Tageszeit	Morgendämmerung	Mittag		Abenddämmerung	Mitternacht
Form	vertikal	spitz	horizontal, quadratisch	rund	frei, fließend
Farbe	grün/blaugrün	rot	gelb, ocker	weiß, silber, gold	schwarz, dunkelblau
Material	Holz, Pflanzen	Leder, Wolle, Kunststoff	Ziegel, Ton, Beton	Metall	Glas
Qi	erhellend	wärmend	mobil	atmosphärisch	fliessend
	Belichtung, Beleuchtung	Heizung, Temperatur	Erschließung Bewegungs-	Belüftung, Luftqualität	Versorgung: Wasser, Abwasser, Strom, Telefon
Körperbereich/Organ	Leber, Gallenblase	Herz, Dünndarm, Blutkreislauf	Milz, Magen, Verdauung	Lunge, Dickdarm, Atmung	Niere, Blase, Ausscheidung
Körperöffnung	Augen	Zunge, Gesicht	Mund, Lippen	Nase	Blasenöffnung, Ohren
Gefühl	Zorn	Freude, Lachen	Nachdenklichkeit	Kummer, Trauer	Angst, Vorsicht
Geschmack	sauer	bitter	süß	scharf	salzig
fünf Tiere	blaugrüner Drache	roter Phönix	Schlange	weißer Tiger	schwarze Schildkröte
Planet	Jupiter	Mars	Saturn	Venus	Merkur

Um die *Erde* einzuschränken, können wir auch den kontrollierenden Zyklus benutzen und das Element *Holz* betonen Wir stellen eine kräftige, aufschießende Pflanze in ihr Zimmer, installieren eine helle Lampe über dem Tisch und kaufen eine neue Bettdecke in frischen, hellen Grün- und Blautönen.

Alle diese Massnahmen wirken auf das Gleichgewicht der Elemente ein und unterstützen das Mädchen, aus der Grübelei herauszukommen.

Das Haus und seine Umgebung
Das Wissen um den zyklischen Wandel der Energien fand Eingang in die Lehren des Fengshui. Ursprünglich wurden Landschaften, vor allem Berge, später auch Bauten in Bezug auf ihr Element betrachtet.

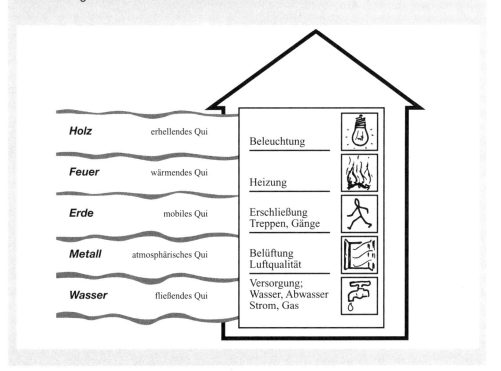

Das Qi und die fünf Elemente

Ein Gebäude ist wie ein lebendiger Organismus und braucht Luft, Wasser, Licht, Wärme und Bewegung. Dies sind verschiedene Aspekte des belebenden Qi, die wir auch im Zusammenhang mit den *fünf Elementen* betrachten können.

Element	Qi	Funktion
Holz	erhellendes Qui	Beleuchtung
Feuer	wärmendes Qui	Heizung
Erde	mobiles Qui	Erschließung Treppen, Gänge
Metall	atmosphärisches Qui	Belüftung Luftqualität
Wasser	fließendes Qui	Versorgung; Wasser, Abwasser Strom, Gas

Ein Haus sollte möglichst günstig in seiner Umgebung eingebettet sein. Ob das Element des Hauses von der Umgebung unterstützt, ausgelaugt oder dominiert wird, wirkt sich positiv oder entsprechend negativ auf das Wohlbefinden der Bewohner aus. Unsere Möglichkeiten, Haus und Landschaft miteinander in Harmonie zu bringen, sind aber oft beschränkt: Unser Haus steht schon seit vielen Jahren, die umliegenden Berge lassen sich nicht umformen, auch die Nachbarhäuser können wir nicht dem Element unseres Hauses anpassen. Aber beim Anstrich unseres Hauses und vor allem bei der Gestaltung unseres Gartens haben wir die Möglichkeit, für uns fördernde Formen und Farben zu wählen.

Unsere vielschichtige Welt gleicht einer Symphonie, in der jedes Kleid, jedes Haus, jeder Garten seine eigene Melodie spielt. Die eine klingt bei uns an und wir möchten gleich mitsingen, die andere empfinden wir als fremd und disharmonisch.

Haus und Garten müssen nicht nur mit der Umgebung im Einklang sein, sondern – wie ein Musikinstrument – in sich richtig gestimmt werden. Ihr »Klang« wird rein und schön, wenn die *fünf Elemente* im Einklang sind. Die Häuser müssen aber auch mit ihren Bewohnern harmonieren. Deshalb ist es von Bedeutung, wie die Elemente eines Menschen mit denjenigen seines Hauses zusammenpassen. So wird sich beispielsweise ein Mensch, der vorwiegend *Wasser*-Elemente in sich trägt, in einer vom *Wasser* geprägten Umgebung zu Hause fühlen und in einer *Metall*-Umgebung aufblühen. Weniger gut geht es ihm in einer *Holz*- oder *Erde*-Umgebung.

Häuser auf den Menschen abzustimmen war im alten China und ist zum Teil heute noch sehr wichtig. *Elemente* der Bewohner spielten dabei eine große Rolle. Eingangstüren wurden in bestimmte Himmelsrichtungen ausgerichtet, entsprechende Farben und Materialien für die Einrichtung gewählt, Geburtsdaten, Beruf und Familiensituation der Bewohner und sogar der Name des Familienoberhauptes miteinbezogen.

Schulung der Wahrnehmung
Ob wir eine Wohnung einrichten, ein Bild für das Besprechungszimmer auswählen, den Garten neu bepflanzen oder ein neues Kleid kaufen – immer lassen wir bestimmte Energien auf uns einwirken. Die *fünf Elemente* auf den ersten Blick zu erkennen und vor allem sie bewusst einzusetzen, braucht viel Übung, Erfahrung und Geschicklichkeit. Die Erscheinungsformen der fünf Energien sind so vielfältig, dass wir keine pfannenfertigen Lösungen vorfinden und jede Situation neu studieren müssen. Ob wir die *Feuer*-Energie in einer Kirche, einer Küche oder einem Familiengarten betonen, wird für die Wahl unserer Gestaltungsmittel entscheidend sein. Gerade diese Vielfältigkeit gibt uns aber die Möglichkeit, die Lösung zu finden, die der jeweiligen Situation und unserem Geschmack am besten entspricht.

Den Transformationszyklus in die Gestaltung unseres Hauses und Gartens einzubeziehen, ist eine der hohen Künste des klassischen Fengshui. Unser persönliches Fengshui-Element spielt darin eine entscheidende Rolle. Für seine Ermittlung allerdings

Das Feuer im Zierahorn

Die Familie K. freut sich auf ihr neues Zuhause, ein schlichtes Einfamilienhaus mit flachem Dach und beinahe quadratischen Fenstern. Die Fassade wurde in einem feinen Gelbton gestrichen. Nebenan befindet sich ein Fitness-Zentrum, das in einem kleinen, ehemaligen Fabrikgebäude eingerichtet wurde. Der hoch aufragende Schornstein ist von weitem sichtbar und ist heute das Erkennungsmerkmal der Sportanlage. Auf der anderen Seite grenzt das Einfamilienhaus an einen Tannenwald.

Durch seine Formen und Farbe weist das Einfamilienhaus eine klare Betonung des *Erde*-Elementes auf. Der Schornstein mit seiner schlanken, aufragenden Form und der Tannenwald stellen dominante *Holz*-Elemente in der unmittelbaren Nachbarschaft dar. Nach der Idee des Fengshui ist dies eine ungünstige Situation. Das *Holz* der Umgebung beeinträchtigt die *Erde* des Hauses. Ein drittes Element, *Feuer,* kann diese zwei, miteinander in Spannung stehenden Elemente wieder in den nährenden Zyklus einbinden. Der Garten, als Verbindung zwischen Haus und Umgebung bietet dafür viele Möglichkeiten an: Pflanzen mit spitzen Formen oder mit roten Blättern, wie der Zypressenbaum und die rotlaubigen Zierahornarten, aber auch rote Blumen repräsentieren *Feuer*. Eine interessante Möglichkeit, auch im Winter rote Farbe und dadurch *Feuer* in den Garten zu bringen, bieten Sträucher mit leuchtend rotem Holz, wie der Sibirische Hartriegel.

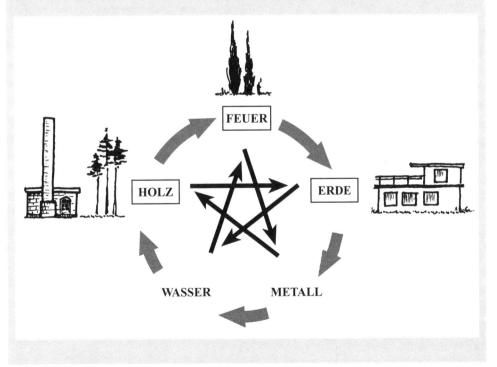

Der Mensch und seine Elemente

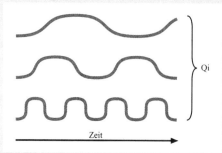

In der chinesischen Vorstellung bewegt sich die Lebenskraft Qi nicht nur durch unseren Lebensraum, sondern auch durch die Zeit. Die Bewegung verläuft auch da in Mustern, die sich mit Hilfe der »*fünf Elemente*« beschreiben lassen. Es entstehen Zyklen, die verschieden lang sind un einander überlagern. In jedem Zeitabschnitt und zu jedem Zeitpunkt wirken verschiedene Elemente zusammen. Ihr Zusammenspiel verleiht jedem Zeitpunkt eine eigene Qualität. Zyklische Bewegungen können wir auch im eigenen Leben beobachten. Aktive und ruhige Zeiten wechseln einander ab, gewisse Themen tauchen in bestimmten Zeitabständen immer wieder auf.

Wie ein Mensch sich in seiner Umgebung fühlt, seine Beziehung zu den Mitmenschen gestaltet, auf klimatische Bedingungen reagiert und welche Nahrung für ihn bekömmlich ist, hängt mit seinen Elementen zusammen. Wir alle tragen mehrere Elemente in uns, die miteinander harmonieren oder in Konflikt stehen und die Vielschichtigkeit unseres Wesens zum Ausdruck bringen. Die Geburtszeit und unsere Kontitution bestimmen die Elemente, die uns in die Wiege gelegt werden und uns durch das ganze Leben begleiten:

Andere Elemente erwerben wir im Laufe des Lebens. Sie ergänzen die Palette und können die angeborenen Elemente verstärken oder in den Hintergrund drängen. Unser Umgang mit den Mitmenschen und uns selbst, unsere Lebensziele und unsere tägliche Arbeit prägen uns. Letztlich bestimmen die Energien, mit denen wir uns in unserem Alltag auseinandersetzen, welche Elemente wir in unsere Persönlichkeit integrieren.

finden wir in der Literatur widersprüchliche Methoden und wir kommen nicht darum herum, uns mit diesen auseinanderzusetzen.

Aber auch ohne Berechnungen anzustellen, können wir uns von der Idee der fünf Grundenergien anregen lassen. Letztlich geht es auch hier um die Vorstellung eines energetischen Gleichgewichtes. Gehen wir unserer Intuition nach, spüren wir gut, welche Energien in unserem Leben überborden und einen Ausgleich brauchen und welche wir als Unterstützung benötigen.

Vertiefen wir uns in die *fünf Elemente,* wird dies unsere Kreativität anregen und zu einer guten Schulung unser Wahrnehmung und Intuition werden.

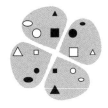

Vier Seiten geben Halt.

Die fünf Tiere

Der Umzugswagen ist weggefahren, die Freunde, die Peter geholfen haben, sind nach Hause gegangen. Er steht müde, aber zufrieden in seinem Wohnzimmer und freut sich über sein neues Zuhause. Als er die Wohnung vor drei Monaten zum ersten Mal sah, gefiel sie ihm gleich auf Anhieb. Das kleine Mehrfamilienhaus steht am Rande der Stadt. Hinter ihm erhebt sich ein Hügel, auf seinen beiden Seiten stehen zwei freundliche Nachbarhäuser. Vor dem Haus erstreckt sich eine freie Wiese mit einem alten Baum, der bei Peters erstem Besuch voller Nüsse hing. Von den Wohnräumen aus sind bei klarem Wetter die Alpen zu sehen. In der neuen Wohnung fühlt sich Peter frei, beschwingt und doch geborgen. Er spürt, dass er einen guten Platz gefunden hat und sich hier bald zu Hause fühlen wird.

Den richtigen Platz finden
Unser ganzes Leben lang bemühen wir Menschen uns darum, den »richtigen« Platz zu finden. Sei es in der Familie, Schule, Ehe, Firma, immer begleitet uns die Frage, ob der Platz, an dem wir stehen, für uns gut ist. Auch in den Landschaften haben die Menschen seit jeher geeignete Stellen für ihre Städte, Wohnhäuser, Arbeitsstätten und religiösen Bauten gesucht. Richten wir uns in unseren Häusern ein, suchen wir für unsere Möbel die richtigen Plätze. Aber vor allem die Orte, an denen wir uns selbst aufhalten, sollen für uns stimmen. Am Arbeitstisch wollen wir uns konzentrieren und effizient arbeiten, auf dem Sofa uns angeregt unterhalten und doch geborgen fühlen, im Bett uns entspannen und gut erholen können.

Im Fengshui geht es um die weitgespannte Frage, wie der Mensch seinen Platz zwischen Himmel und Erde finden kann. Viele »mentale Landkarten« wurden zur Beantwortung dieser Frage entwickelt. Die *fünf Tiere* ist eine der bekanntesten. Sie stellt einen wesentlichen Bestandteil der Formschule dar.

Wir sitzen in einem bequemen Sessel, schauen fasziniert am Fernsehen einen Reisebericht an und lassen uns von den Landschaftsaufnahmen beeindrucken. Später blättern wir in einer Wohnzeitschrift, staunen über die schönen Häuser und die perfekten Einrichtungen. Die Film- und Fotoaufnahmen erschaffen in uns eine Vorstellung über das Gesehene. Was sie uns jedoch nicht vermitteln können, ist die räumliche Wahrnehmung.

Wir Menschen benutzen hauptsächlich vier Richtungen, um uns in einem Raum zu orientieren. Wir alle tragen ein inneres Orientierungssystem in uns, in dessen Zentrum wir uns befinden und das wir überallhin mitnehmen. Bedingt durch unsere Anatomie erleben wir die vier Seiten sehr verschieden, es gibt ein Vorne und Hinten, ein Links und Rechts. Durchwandern wir eine Landschaft oder ein Haus, verändern sich die vier Seiten, je nachdem, wie wir uns bewegen oder wohin wir blicken. Bleiben wir aber stehen oder setzen wir uns nieder, sind sie konstant. An Orten, an denen wir uns täglich aufhalten, beeinflussen die äußeren Gegebenheiten, die wir in den vier Richtungen vorfinden, unser Erleben und Wohlbefinden.

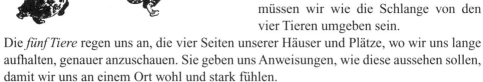

Im System der *fünf Tiere* werden die Richtungen bildhaft mit Tierfiguren dargestellt. Die Mitte ist der Platz des Menschen und wird durch eine Schlange symbolisiert. Sie ist von vier Tieren umgeben und beschützt, was ihr Kraft und Sicherheit verleiht. Wollen wir in einer Landschaft oder in einem Raum eine gute und starke Position einnehmen, müssen wir wie die Schlange von den vier Tieren umgeben sein.

Die *fünf Tiere* regen uns an, die vier Seiten unserer Häuser und Plätze, wo wir uns lange aufhalten, genauer anzuschauen. Sie geben uns Anweisungen, wie diese aussehen sollen, damit wir uns an einem Ort wohl und stark fühlen.

Die vier Richtungen

Hinten – die schwarze Schildkröte

Rückendeckung, der Schutz von hinten ist ein uraltes Grundbedürfnis des Menschen. Diese Sicherheit und Stabilität wird durch die schwarze *Schildkröte* symbolisiert, die auch als »schwarzer Krieger« bezeichnet wird. Ein schützender Berg, starke Bäume, ein dichtes Gebüsch oder größere Gebäude hinter unserem Haus können diese Rolle übernehmen.

Richten wir unsere Wohnung und unser Zimmer ein oder gestalten wir einen Gartensitzplatz, sollten wir darauf achten, dass wir genügend ruhige, von hinten geschützte

Das Drachen-Tiger-Gesetz der historischen Formschule

Die Landschaft verrät die Gegenwart der Lebenskraft Qi in ihrer positiven und negativen Form. Diese beiden unterschiedlichen Qi-Strömungen, die eine männlich und die andere weiblich, sind entsprechend günstig und ungünstig. Im chinesischen Denken kann das Gute oder Angenehme ohne das Schlechte oder Ungünstige gar nicht existieren. Die beiden Qi-Formen werden bildlich als *grüner Drache* und *weißer Tiger* bezeichnet und immer links im Osten bzw. rechts im Westen plaziert. Man vergleicht sie oft mit dem Ober- und dem Unterarm des Menschen: In der Biegung des Armes sollte die Wohnanlage oder das Grab gebaut werden, da sich dort die Strömungen treffen. Wenn die Umgebung diesem *Drachen-Tiger*-Gesetz nicht gerecht werden kann, wird nach »männlichen« und »weiblichen« Landformationen gesucht. Erhöhungen werden als Yang bezeichnet und flache, nur sanft hügelige Erde als Yin. Der beste Ort ist derjenige, an dem eine Yang-Seite in eine Yin-Stelle übergeht, z.B. beim Beginn einer Steigung. Früher benutzten die Fengshui-Experten eine äußerst pragmatische Methode, solche Stellen zu entdecken. Sie rannten den Berg hinunter und jener Punkt, an dem sie plötzlich gebremst wurden, d. h. wo die Stelle plötzlich abflachte, war die gesuchte Qi-Stelle.

Die letzte Regel deutet darauf hin, dass flaches Land für einen günstigen Standort völlig ungeeignet ist. So müssen an einem solchen Ort unbedingt künstliche Hügel oder Baumwände im Norden errichtet werden. Gemäß der *Drachen-Tiger*-Theorie muss die *Drachen*seite höher sein als die *Tiger*seite, das optimale Verhältnis ist 5:3.

Plätze schaffen. Eine Wand, ein Büchergestell hinter unserem Arbeitstisch oder wenigstens eine hohe Stuhllehne, ein Busch, eine Hecke, oder eine kleine Mauer hinter dem Gartensitzplatz bieten uns diesen Schutz.

Vorne – der rote Phönix

»Vorne« empfinden wir als unsere Hauptausrichtung, denn der Austausch mit der Umwelt findet hier statt. Wir bewegen uns vorwärts, blicken und sprechen nach vorne und was wir mit unseren Händen gestalten, liegt meistens vor uns. Viele Köperöffnungen befinden sich auf der vorderen Körperhälfte. Die sensible Bauchgegend, das Sonnengeflecht und auch die energetische Mitte unseres Körpers zeigen nach vorne. Die Ausrichtung schlägt sich auch in der Sprache nieder: Vor uns liegt die Zukunft und hinter uns die Vergangenheit.

Vorne steht der rote *Phönix,* ein mystischer und wunderbarer Vogel. Er symbolisiert Weitsicht, Schönheit, Inspiration und zeigt, wie der Raum vor uns sein soll: offen, hell, weit und inspirierend. Sitzen wir an unserem Schreibtisch, sollten wir genügend Raum vor uns haben, damit unsere Gedanken frei fließen können. Mit einer Wand oder einem

Gestell vor unserer Nase begrenzen wir nicht nur unsere Sicht, sondern auch unseren inneren Weitblick. Kann unser Blick in die Ferne schweifen und bei einem schönen Bild, einer Blume oder einem Baum verweilen, werden auch unsere Ideen und Träume freier und kühner.

Links - der grünblaue Drache

Der Unterschied zwischen links und rechts ist nicht so augenfällig. Unsere beiden Hände, Füße und Ohren sind zwar an den beiden Körperseiten symmetrisch angeordnet, aber ihre Gleichheit ist nur scheinbar. Jeder Mensch hat ein Bein, mit dem er immer zuerst auftritt und unsere zwei Hände sind nicht gleich geschickt. Auch die beiden Hälften unseres Gehirns haben unterschiedliche Aufgaben.

Links – Rechts

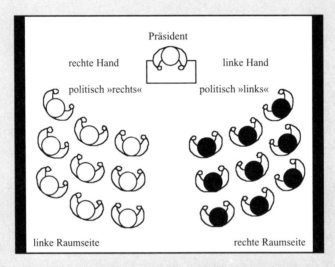

Die Bezeichnung »links« und »rechts« für politische Parteien stammt aus dem 19. Jahrhundert und hat interessanterweise mit unserem Raumempfinden zu tun. In der französischen Kammer wurden die Parteien nach der Sitzordnung benannt. Die konservativen Parteien saßen in der linken Saalhälfte und verteidigten ihre Plätze im Saal gegenüber den neuen, revolutionären Parteien. Sie wurden die »Rechte Partei« genannt, weil ihre Plätze rechter Hand vom Präsidenten waren. Ihre Sitzposition war günstiger als die ihrer Gegner und entspricht dem *I*-Gesetz des Fengshui. Auf der linken Seite bot ihnen die Wand Schutz und rechts hatten sie Bewegungsfreiheit.

Unser Sprachgebrauch zeigt, wie stiefmütterlich die linke Seite in unserer Kultur behandelt wird. Jemand hat zwei linke Hände, ist mit dem linken Fuß aufgestanden oder bewegt sich linkisch. Tatsächlich hat die linke Seite wenig mit praktischen Fähigkeiten zu tun. Im Fengshui wird sie mit dem blaugrünen *Drachen* symbolisiert. Er verkörpert den Yang-Aspekt, hat mit Führungsqualität zu tun und steht für Weisheit und Denken. Er stellt auch den männlichen Aspekt dar – eine interessante Übereinstimmung mit den westlichen Höflichkeitsregeln, nach denen sich der Platz des Mannes auf der linken Seite der Frau befindet.

Rechts – der weiße Tiger

Die rechte Seite wird mit dem weißen *Tiger* symbolisiert. Er steht für Körperkraft, Verteidigung und Handeln, stellt die Gegenseite des *Drachens* und den Yin-Aspekt dar. Der *Tiger* versinnbildlicht die praktischen und materiellen Aspekte des Lebens, die im chinesischen Denken interessanterweise mit dem weiblichen Aspekt in Verbindung gebracht werden. Denken wir an das gefährliche Tigerweibchen, das ihre Kinder verteidigt, leuchtet uns auch der Bezug zu Kraft und Aggression ein.

Die meisten Menschen benützen vorwiegend ihre rechte Hand. Viele sind als »Rechtshänder« geboren, andere werden dazu erzogen. Die Bevorzugung der rechten Hand beeinflusst unser Raumempfinden. Überqueren wir einen leeren Raum, werden die meisten instinktiv an der linken Wand entlanglaufen. Von links brauchen wir Schutz, von rechts Bewegungsfreiheit. Dies widerspiegelt sich auch in der Fengshui-Regel, nach welcher der *Drache* größer sein soll als der *Tiger*. So ist unser Nachbarhaus links idealerweise etwas größer als das Haus auf der rechten Seite. Bepflanzen wir unseren Garten, setzten wir auf der linken Seite größere Bäume, rechts niedere Sträucher.

Die fünf Tiere in der Landschaft

Die *fünf Tiere* werden den *fünf Elementen* und den fünf Himmelsrichtungen zugeordnet. In China wurde das Zentrum als die fünfte Himmelsrichtung betrachtet. Es war der Platz des Kaisers, der die Verbindung zwischen Erde und Himmel verkörperte und dem die Farbe der Erde, Gelb, vorbehalten war.

Die *fünf Tiere* beschreiben eine Wohnlage, die auch bei uns als ideal betrachtet und deshalb sehr begehrt ist: Das Haus liegt an einem Südhang, öffnet sich vorne gegen Süden und profitiert von der schönen Aussicht. Im Norden wird es durch den

Hang und seitlich durch einen Wald oder Nachbarhäuser geschützt. Bei einem solchen Haus stehen die *fünf Tiere* in der ihnen entsprechenden Himmelsrichtung und in Bezug auf das Haus am richtigen Platz.

Hinten und vorne
Beschäftigen wir uns mit dem Fengshui, treffen wir immer wieder auf Empfehlungen, welche die hintere oder vordere Seite eines Hauses betreffen. Die *Schildkröte* soll hinter dem Haus sein, Wasser hingegen nur im vorderen Bereich des Grundstückes. Aber wo ist eigentlich vorne und wo hinten?

Im traditionellen Fengshui ist der Eingang immer vorne, dort, wo sich auch der *Phönix* befindet. Treten wir aus dem Haus, blicken wir in die Richtung des roten Vogels. Deshalb soll vor dem Haus ein heller, offener Platz sein, der als Sammelbecken für das Qi dient und die Energien belebt. Auch in der westlichen Bauweise wurden die Häuser bis Anfang unseres Jahrhunderts zur Straßenseite hin orientiert. Hier befand sich der Eingang, die Pforte des Qi, und die wichtigsten Räume öffneten sich ebenfalls auf diese Seite. Die Straßenfassade mit dem Haupteingang war das Gesicht des Hauses und wurde aufwendiger gestaltet als die »hintere« Hoffassade.

In der zweiten Hälfte unseres Jahrhunderts fand im nördlichen Europa ein Umdenken statt. In vielen Häusern wenden sich heute die Wohnräume von der Straße ab. Die Ausrichtung zur Sonne hin, die Belastung durch den immer größer werdenden Autoverkehr, aber auch der Wunsch vieler Menschen, sich aus der Hektik des Arbeitslebens in die private Ungestörtheit zurückzuziehen, mögen die Gründe dafür sein. Meist bauen wir die Häuser so, dass wir sie auf der dunklen und sonnenabgewandten Seite betreten und die Wohnbereiche auf der hellen und sonnenzugewandten Seite liegen. Diese Ausrichtung verstärkt das Empfinden, dass vorne dort ist, wo die Sonne herkommt und hinten dort, wo meistens Schatten ist.

Die heutige Bauweise steht oft im Widerspruch zur Idee der *fünf Tiere*. Die traditionelle Auslegung definiert die Ausrichtung eines Hauses so, dass vorne und der *Phönix* immer dort sind, wo der Eingang sich befindet. Treten wir aber aus unseren Häusern, sehen wir meist nahe stehende Büsche, Hecken und Mauern, die unseren Garten abgrenzen und die Rückseite unseres Hauses von der Straße oder den Nachbarhäusern schützen. Unserem Empfinden nach stellt diese Zugangsseite eindeutig hinten und die Seite der *Schildkröte* dar. Entsprechend erleben wir den offenen und besonnten Teil unseres Gartens und den lichtdurchfluteten Teil unseres Hauses als vorne und die Seite des *Phönix*. Es wird uns schwer fallen, die schattige Hinterseite mit dem strahlenden Vogel und die belebte Sonnenseite mit dem gepanzerten Tier in Verbindung zu bringen.

Dies führt zu der Überlegung, ob sich die *fünf Tiere* unserer heutigen Bauweise oder unsere westlichen Häuser sich ihnen anpassen müssen.

Die fünf Tiere zu Hause

Trotz dieser Fragen erhalten wir auch von dieser mentalen Landkarte wertvolle Anregungen. Bei vielen Häusern liegen nicht nur die Eingänge auf der Rückseite. Es gibt auch wenige Fenster und meist befinden sich dort die Nebenräume. Wir sehen den Besucher nicht, der von »hinten« auf uns zukommt. Der Panzer der *Schildkröte* ist durchlöchert, unser Bedürfnis nach Rückendeckung bleibt unbeachtet. Oft fehlt auch der Überblick über den Eingangsbereich. Eine Glocke am Gartentor und das Zurückschneiden eines Busches können Verbesserungen bringen.

Haben wir Einfluss auf die Planung des Hauses, können wir darauf achten, dass es auf der Eingangsseite Räume gibt, von denen aus wir den Zugang sehen können. Die Küche, der Gang oder ein Arbeitszimmer bieten sich dazu an. Liegt unser Haus in Bezug auf die *fünf Tiere* nicht optimal, sollten wir ihnen bei der Gestaltung unseres Gartens und der Einrichtung unserer Räume besondere Aufmerksamkeit schenken.

Gerade bei der Suche nach einem geeigneten Standort für unseren Tisch im Garten oder am Arbeitsplatz, für unsere Werkbank im Keller und unser Sofa im Wohnzimmer lässt sich das Prinzip der *fünf Tiere* gut verwirklichen. Viele Menschen haben die Angewohnheit, den Schreibtisch unter das Fenster zu stellen. Wir haben Licht und Aussicht, nach Fengshui sitzen wir jedoch in einer nicht sehr günstigen Position. Ein Ort ist für uns gut, wenn wir von hinten gehalten werden und vor uns ein offener Platz liegt, wo unser Blick schweifen und sich an einem schönen Anblick erfreuen kann. Steht unser Pult vor dem Fenster, werden unsere Aufmerksamkeit und unser Qi zu stark nach außen gezogen und der Rücken bleibt gegen den Raum hin ungedeckt. Steht der Schreibtisch vor einer Wand, haben wir keinen Weitblick, sondern ein »Brett vor dem Kopf« und ebenfalls einen ungeschützten Rücken.

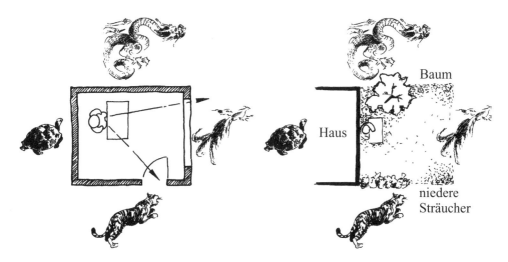

Weniger bestimmend sind die beiden Seiten links und rechts von uns. Haben wir die Wahl, ist es aber von Vorteil, zu unserer Rechten mehr Platz zu lassen und niedrigere Möbel hinzustellen als zu unserer Linken.

Das Prinzip der *fünf Tiere* bilden seit jeher einen festen Bestandteil des Fengshui. Auf den ersten Blick muten uns die Tierfiguren exotisch an, betrachten wir sie näher, erkennen wir viel lebensnahes Wissen, das mit dem Körper und der Entwicklung des Menschen zu tun hat. Denken wir beispielsweise an die *Schildkröte*, finden wir in ihr ein Bild für die Rückendeckung, die für unser Sicherheitsgefühl und Wohlbefinden wichtig ist und für unsere in Höhlen lebenden Vorfahren eine Voraussetzung für das Überleben war.

Die *fünf Tiere* sind ein anschauliches Beispiel für die bildhafte Ausdrucksweise des Fengshui. Gelingt es uns ihre Symbole zu entziffern und sie in unsere Sprache umzusetzen, begegnen wir einem wertvollen und kulturübergreifenden Wissen.

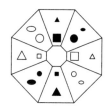

Jede Ganzheit entsteht aus acht vollen Bereichen und einer leeren Mitte.

Die acht Richtungen

Erich kommt etwas verspätet. Die anderen sitzen bereits am Tisch, nur noch ein Stuhl ist für ihn frei. Es scheint ein interessanter Abend zu werden, eine lebhafte Diskussion entsteht. Die einen tun engagiert ihre Meinung kund und verteidigen lauthals ihre Ansichten, die anderen halten sich im Hintergrund, nicken manchmal bestätigend oder bringen kurze, sachliche Einwände vor. Wie sich die einzelnen Personen am Gespräch beteiligen, hängt sicherlich von ihrem Charakter, Temperament, Interesse am Thema und ihrer augenblicklichen Stimmung ab. Spielt die Sitzordnung für den Verlauf des Abends ebenfalls eine Rolle? Hätte Erich an der gegenüberliegenden Seite des Tisches Platz genommen, würde er sich anders fühlen und argumentieren?

Ein universales Raster
Fengshui geht davon aus, dass sich jede Ganzheit in neun Bereiche aufteilen lässt, die alle eine andere energetische Qualität besitzen. Es zeigt sich ein universales, energetisches Raster, das *Bagua* genannt wird. Wir finden es überall – in einer Stadt, einem Grundstück, einem Haus, einem Zimmer, auf einem Schreibtisch. Auch durch eine Tischrunde erschaffen wir eine Ganzheit mit neun Bereichen. Jeder Teilnehmer sitzt in einem anderen Bereich. Er wird mit einer bestimmten Energie aufgeladen, die ihn motiviert, sich auf eine bestimmte Art und Weise am Gespräch zu beteiligen.

An jedem Familientisch gibt es eine, meist vehement verteidigte Sitzordnung. In einer Schulklasse hat jeder Schüler seinen Platz. Kommen Menschen regelmässig zum Essen, zum Besprechen oder zum Spielen zusammen, erobern sich die einen oder anderen ihre festen Stammplätze, die von allen meist stillschweigend akzeptiert werden. Denken wir aber an das *Bagua,* kann es manchmal ganz gut tun die Plätze zu wechseln. Gerade in

Räumen, in denen viel gesessen, verhandelt und entschieden wird, ist es sicherlich von Vorteil, wenn die wichtigen Personen an den nach Fengshui strategisch günstigen Plätzen sitzen.

Es geht nicht darum, dass wir uns in der Nähe gewisser Menschen wohl oder unwohl fühlen, sondern um die Idee, dass sich in jeder Einheit ein feines energetisches Raster ausbreitet und jeder Bereich darin mit seiner ihm eigenen Energiequalität unsere Stimmung und unser Verhalten beeinflusst.

Es ist nicht nur anregend, sondern auch sinnvoll, altvertraute Standorte von Blumenbeeten, Spielgeräten und Komposten im Garten, von Tischen, Sofas und Betten im Haus, von Fax- und Kopiergeräten, Kaffe-Ecken, Besprechungstischen und Arbeitsplätzen im Büro, von Anordnungen auf und rund um unseren Schreibtisch neu zu überdenken. Auch hier können wir unsere eigene Wahrnehmung und Intuition zu Hilfe nehmen. Beobachten wir, welche Vorgänge sich an einem Ort abspielen, welche Einrichtungen wo stehen und wie sie genutzt werden, wird unsere innere Aufmerksamkeit uns bald darauf hinweisen, welche Orte stimmen und welche nicht.

Die Kompass-Schule
Die Idee, Haus und Raum als eine Ganzheit zu betrachten und diese in neun Bereiche zu unterteilen, gründet in der Kompass-Schule des Fengshui. Der Name weist auf das traditionelle Arbeitsinstrument, den Luopan hin, in dessen Mitte sich ein Kompass dreht. Die tradtionsreichen und komplexen Theorien der Kompass-Schule stellen eines der wichtigsten Gebiete des Fengshui dar. Für viele ihrer Vertreter sind sie aber bis heute eine Quelle fehlender Übereinstimmung und Diskussionen geblieben, was für den Fengshui-Interessierten einige Fragen aufwirft.

Die Kompass-Schule ist ein faszinierender Teil des Fengshui. Hier tritt uns die chinesische Kultur mit ihrer langen Tradition, ihrem ganzheitlichen Denken und ihrer Eigenart unmittelbar entgegen. Wir finden ineinandergreifende Systeme, deren philosophische Grundsteine vor Jahrtausenden gelegt wurden. Sie sind so vielschichtig, dass sie sich dem Interessierten nur durch Beharrlichkeit erschließen und ihre sinnvolle Interpretation und Anwendung setzen viel Übung und Erfahrung voraus.

Ist es möglich, dieser Komplexität und Tiefgründigkeit Rechnung zu tragen und sich trotzdem auf einige einfache und grundlegende Aussagen zu beschränken? Im Folgenden werden einzelne Aspekte des *Baguas* herausgenommen und erläutert.

Die acht Trigramme
Die Legende erzählt, wie der weise Mann Fuxi beim Anblick der Schildkröte erleuchtet wurde. Was hat ihm den Anstoß zur Einsicht gegeben? Es waren die Muster auf dem Panzer des kleinen Tieres, in denen er acht Zeichen sah. Diese wurden für ihn zu Symbolen, die alle Erscheinungen zwischen Himmel und Erde umfassen und später die Grundlage

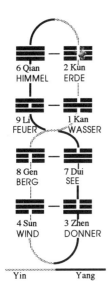

der Kompass-Schule bildeten. Da sie sich aus drei Linien zusammensetzten, werden sie Trigramme genannt. Die Linien sind entweder gebrochen (Yin) oder fest (Yang). Durch die Art, wie diese miteinander kombiniert sind, erhält jedes Zeichen eine ihm eigene Energiequalität, die es definiert und von den anderen abhebt. Sie stellen die acht universalen Energiemuster dar und werden deshalb auch die Bausteine des Universums genannt.

Jedes der acht Trigramme kann sich auf vielfältigste Weise zeigen. Alle Erscheinungen dieser Welt lassen sich auf eines dieser Grundmuster zurückführen. Die acht Trigramme stellen ein faszinierendes Modell dar und erhalten, wie die *fünf Elemente,* unzählige Zuordnungen. Je nach angewendetem System wird dem einen oder anderen größere Bedeutung zugesprochen. Es gibt drei Zuordnungen, die so grundlegend und geläufig sind, dass sie oft zur Beschreibung oder Benennung eines Trigramms verwendet werden. Es sind dies die chinesischen Namen, die Zahlen und die der Natur entnommenen Bilder.

Ein Trigramm baut sich immer von unten her auf und die unterste Linie ist seine Basis. Vier der acht Zeichen stehen auf einer festen Linie und bilden die Yang-Gruppe, die anderen stehen auf einer durchbrochenen Linie und bilden die Yin-Gruppe. Jedes Zeichen findet in der anderen Gruppe sein Gegenüber, das genau die entgegengesetzten Energiequalitäten verkörpert. Es baut sich aus den gegenteiligen Linien auf und bildet mit seinem inneren Spiegelbild ein Paar.

Wie bei den *fünf Elementen* gent es auch bei den Trigrammen geht es um die Bewegung zwischen den beiden Urpolen. In den *fünf Elementen* wird der Wechsel zwischen dem stärksten Yang-Zustand und dem ausgeprägtesten Yin-Zustand in fünf, in den Trigrammen hingegen in acht Schritte unterteilt.

Die Trigramme bestehen aus drei Linien. Die Zahl Drei hat in der alten chinesischen Philosophie eine wichtige Bedeutung. Sie ist die Grundeinheit astronomischer und astrologischer Berechnungen. Sie ist das Sinnbild der chinesischen Dreifaltigkeit. Sie beschreibt die Situation des Menschen, der zwischen Himmel und Erde eingebunden ist und nur als Mitte dieser Dreiheit existieren kann.

Die Kunst in der Anwendung der Trigramme besteht darin, mit all ihren Zuordnungen so vertraut zu sein wie ein guter Klavierspieler mit den Tasten seines Instrumentes. Er weiß die passenden Töne zu wählen, um die Musik zu gestalten. Er erkennt die Misstöne in den Klängen, die Unbehagen auslösen und weiß sie zu korrigieren.

Verbindungen im Hintergrund

Auch ohne über eine solche Virtuosität zu verfügen, können wir interessante und nützliche Überlegungen anstellen. Wie bei den Elementen liegt auch den Trigrammen die Idee zugrunde, dass einige wenige Energieprinzipien alles in unserem Leben verbinden. Zwischen Bereichen entstehen Bezüge, die vordergründig nichts miteinander zu tun haben.

Yin und Yang entfalten sich

Die Idee des Yin und Yang bildet das Fundament vieler chinesischer Lehren. Alle weitläufigen und komplizierten Systeme des Fengshui, die im Verlaufe der Jahrhunderte entstanden sind, sind letztendlich weiterentwickelte und differenzierte Betrachtungen der beiden Urkräfte.

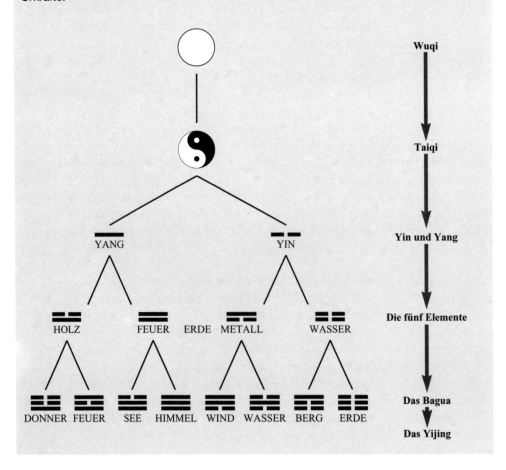

Die »Schöpfung«

Aus der NULL entsteht die EINS
Aus der EINS entsteht die ZWEI
Aus der ZWEI entsteht die DREI
Aus der DREI entsteht die FÜLLE
(Laozi: Daodejing, Auszug aus dem 41. Gedicht)

Das Wuqi

Der leere Kreis
Das Nichts ist absolut. In der Leere ist alles enthalten und möglich.

Das Taiqi

Der volle Kreis
Im Symbol der Mitte formen sich die beiden Urpole. Sie sind vereint in ewiger Ausgeglichenheit. Alles ruht.

Yin und Yang

Die einzelne Linie
Die Einheit bricht auf. Die beiden Urkräfte lösen sich voneinander und beginnen zu wirken. Der Kosmos bewegt sich.

Die fünf Elemente

Zwei Linien
Die Bewegung wird differenzierter. Die fünf Grundenergien treten hervor. Sie sind in ständiger Bewegung und immer aufeinander bezogen. Im Zyklus der Wandlungen finden sie ihren Ausdruck.

Die acht Trigramme

Drei Linien
Die Bewegung erhält eine weitere Dynamik. Sie mündet in eine neue Ganzheit. Die acht Grundqualitäten des Universums ordnen sich um eine leere Mitte. Jede Kraft findet ihren Platz und wird Teil des Ganzen.

Yijing

Sechs Linien
Die Bewegung vervielfacht sich und führt in eine neue Dimension. Die Werkzeuge des Universums beginnen zu arbeiten. Das Weltgeschehen manifestiert sich.

Begriffe aus der Psychologie, Einrichtungsgegenstände und Körperorgane treten in Beziehung zu Charaktereigenschaften, Himmelsrichtungen und Lebensbereichen. Sind diese Gedanken ganz fremd für uns? Wie oft beobachten wir unsere Mitmenschen oder uns selbst, wie wir Ereignisse gefühlsmäßig und unlogisch miteinander verknüpfen. Kaum haben wir begonnen, für unsere Familie ein neues Haus zu planen, meldet sich unerwartet ein Nachzügler an. Im Büro räumen wir unseren Schreibtisch gründlich auf, wischen alles sorgfältig ab und versorgen die abgelegten Papiere. Am gleichen Tag erhalten wir einen neuen Auftrag.

Ohne vernünftige Gründe bringen wir oft zwei ganz verschiedene Ereignisse in Zusammenhang. Auch die Trigramme stellen zwischen unterschiedlichsten Dingen Verbindungen her. Sie zeigen auf, wie die Erscheinungen unserer Welt miteinander verknüpft sind und dadurch unser Erleben und Wohlbefinden beeinflussen.

Kleiden wir uns nur noch in einer einzige Farbe, mag dies unserer Lebensphase und inneren Verfassung entsprechen und im Augenblick für uns stimmen. Auf die Dauer wird sich aber eine solche Einseitigkeit in anderen Bereichen unseres Leben niederschlagen. Ebenso werden eine unreparierte Glasscheibe, ein verklemmtes Türschloss oder eine seit Jahren unaufgeräumte Staubecke nicht einfach aus unserem Leben verschwinden, auch wenn wir im Moment nicht damit konfrontiert sind. Im Fengshui findet die Redewendung »aus den Augen, aus dem Sinn« leider keine Anwendung. Umgekehrt kann uns die Neugestaltung eines Gartenbereiches, eine Umstellung unserer Möbel, eine neue Zimmerpflanze, die Behebung einer bisher unauffindbaren Undichtigkeit im Dach Auftrieb geben und sich auf bestimmte Bereiche in unserem Leben positiv auswirken.

Sind wir mit den Zuordnungen der Trigramme und den Bezügen, die sie schaffen, vertraut geworden, werden wir bald erstaunliche Beobachtungen machen. Wir erkennen Übereinstimmungen zwischen den guten und starken Seiten eines Hauses und seiner Bewohner und verstehen, wie die Schwachstellen eines Hauses und die Schwierigkeiten im Leben eines Menschen einander widerspiegeln.

Die Lebensbereiche
Die acht Trigramme werden auch den verschiedenen Bereichen unseres Lebens zugeordnet. Es gibt Richtungen im Fengshui, die beinahe ausschließlich damit arbeiten und andere, in denen diese eine untergeordnete Rolle spielen. Die Energiequalität eines Trigramms mit einem bestimmten Bereich unseres Lebens zu verbinden, ist faszinierend und auf den ersten Blick recht einfach. Gerade deshalb ist die Gefahr aber groß, dies in oberflächlicher Weise und auf dem Niveau billiger Wahrsagerei zu tun.

Die Lebensbereiche lassen sich am besten im Zusammenhang mit zwei weiteren Zuordnungen beschreiben: dem konkreten Bild aus der Natur und der Charakterisierung aus der abstrakten Begriffswelt. Auch die Betrachtung des Bildes, das durch die drei Linien des Trigrammes entsteht, kann hilfreich sein. Die Energiequalität der einzelnen Tri-

Acht Grundmuster hinter der Vielfalt

Aus der Bewegung von Yin und Yang entstehen acht energetische Grundmuster. Alles, was wir in unserer Welt in Form von Materie und Schwingung wahrnehmen und erleben, sind Manifestationen dieser acht Energieprinzipien. Gelingt es uns in unserer Umgebung und in unserem Leben die Zusammenhänge zwischen den Dingen zu erkennen, hilft dies uns nicht nur die Welt besser zu verstehen, sondern verleiht uns auch die Möglichkeit, zu unserem eigenen Wohle lenkend einzugreifen.

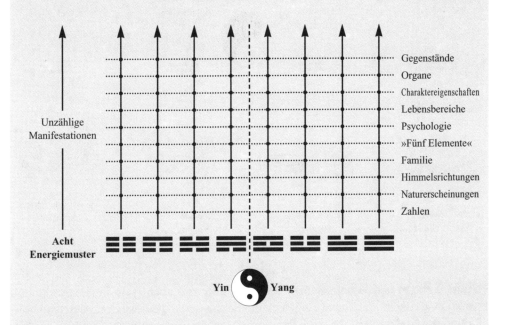

Die acht Trigramme sind auch die Grundsteine des alten Weisheits- und Orakelbuches, des Yijing, dessen Anfänge wie die Geschichte des Fuxi weit in die Zeiten der Legenden zurückreichen. Von Bedeutung sind darin die Hexagramme, 64 Zeichen, die aus der Kombination der acht Trigramme entstehen. Werden zwei Trigramme übereinandergestellt, bilden sie ein neues Zeichen mit sechs Linien. Die Beschreibungen und Interpretationen der Hexagramme wurden zum Inhalt der Schriften, die im Verlauf der Jahrhunderte zusammengefügt wurden. Sie gelten als bedeutendes, bis heute auch im Westen aktuelles Grundwerk der chinesischen Philosophie.

gramme kann in den verschiedenen Bereichen unseres Lebens sehr unterschiedlich in Erscheinung treten. Manchmal zeigt sich die Sonnenseite, dann wieder die Schattenseite, und je nach dem, wie wir im Leben stehen, sehen wir nur die eine oder die andere Seite der Medaille.

Die innere Ordnung

Die acht Trigramme werden in einem Achteck, *Bagua* genannt, auf eine genau festgelegte Weise um eine leere Mitte herum angeordnet. Damit wird nicht nur jedem Trigramm im Gefüge des Ganzen sein Platz zugewiesen, sondern auch die Beziehungen der Zeichen untereinander festgelegt. Es gibt zwei verschiedene Anordnungen, die im Laufe der Geschichte entstanden sind und bis heute nebeneinander bestehen.

Das *Bagua* des »frühen Himmels« stammt aus einer weit zurückliegenden Zeit (ca. 3000 v. Chr.). Wie die Geschichte von Fuxi wurde sie in Form mündlicher Über-

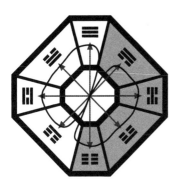

lieferung und Legenden an die Nachwelt weitergegeben und erst später schriftlich festgehalten. Betrachten wir die Anordnung der Trigramme, erkennen wir im »frühen Himmel« die Darstellung eines absoluten Gleichgewichts und einer perfekten Ordnung.

Die Yang-Gruppe liegt auf der einen Seite, die Yin-Gruppe auf der anderen und die Spiegelbilder immer einander gegenüber. Nichts bewegt sich, alles ist ausgeglichen. Es ist die Beschreibung des Paradieses, in der sich alles in absoluter Harmonie befindet. Yin und Yang stehen ausgewogen einander gegenüber. Das ausgeprägteste Yang-Zeichen, der Himmel, ist oben, das ausgeprägteste Yin-Zeichen, die Erde, unten. Die Zeichen dazwischen nehmen in ihren Yin- oder Yang-Qualitäten stetig ab oder zu. Die Pendelbewegung zwischen den beiden Polen lässt sich mit einer Linie nachziehen, deren Form an die Zahl Acht und an das Unendlichkeitszeichen erinnern.

Dieses *Bagua* findet vor allem bei Bauten für die Verstorbenen und in Tempeln Anwendung. Aber auch die Lebenden nutzen seine Kraft. In vielen Ländern Asiens werden *Bagua*-Spiegel benutzt. Dies sind kleine, bunte, achteckige Scheiben aus Holz oder Plastik, in deren Mitte sich ein kleiner, meist runder Spiegel befindet. Um ihn herum sind die Trigramme in der Anordnung des »frühen Himmels« aufgezeichnet. Dem *Bagua*-Spiegel wird eine Schutzwirkung zugeschrieben und er dient der Abwehr von ungünstigen Einflüssen. Da es wahrscheinlich in jeder Umgebung etwas gibt, wovor sich die Menschen schützen wollen, erhalten die kleinen Spiegel die Bedeutung von beliebten und viel benutzten Talismanen.

Das *Bagua* des »späten Himmels« entstand über zwei Jahrtausende später (König Wen um 500 v. Chr.). Die statische Ausgeglichenheit der alten Anordnung ist aufgebrochen. Die Zeichen der Yin- und Yang-Gruppe sind im Achteck verstreut, die Spiegelbilder nicht mehr einander gegenüber. Eins steht unten, neun oben. Die Bewegung zwischen den beiden Zahlen lässt sich mit einer Linie nachziehen, die immer wieder zur Mitte kehrend das *Bagua* in Schlaufen durchschreitet und uns an ineinander verwobene Unendlichkeitszeichen erinnert.

Die Anordnung des »späten Himmels« ist dynamisch und voller Spannung. Sie stellt die Welt nach dem Sündenfall dar. Das Paradies ist verloren und die Welt für immer unvollkommen und in ständiger Bewegung. Dieses *Bagua* gehört den Lebenden und auf seiner Anordnung bauen alle Lehren der Kompass-Schule auf.

Das kosmische Achteck

Das *Bagua* ist das Symbol einer pulsierenden Ganzheit, die sich dann am besten entfaltet, wenn seine Teile gleichmäßig schwingen. Fehlt einer davon oder ist er zu schwach, ist die Ganzheit gestört. Ebenso störend werden Teile, deren Energien zu stark hervortreten. Sie dominieren alle anderen.

Da alle Materie einen Überbau von Schwingungen besitzt, kommt eine Ecke, die einem Haus fehlt, einem Loch im *Bagua* gleich. Deshalb werden Häuser und Räume mit

Ganzheitlich leben

Das Achteck des *Baguas* stellt die Idee dar, dass wir selbst und alles, was uns umgibt, aus Teilen von Ganzheiten bestehen. Diese sind vollständig, wenn alle ihre Teile möglichst ausgeglichen vorhanden sind.

Die Zuordnung der Trigramme zu den Lebensbereichen vermitteln uns die chinesische Vorstellung, was ein »vollständiges« Leben, seelische Ausgeglichenheit und Gesundheit bedeutet. Ganzheitlich leben heißt, seine Ideen verwirklichen (1), nahe Beziehungen pflegen (2), Kraft schöpfen aus seinen Wurzeln (3), über ausreichende Mittel verfügen (4), Hilfe annehmen und geben (6), kreativ und lustvoll sein (7), innere Weisheit erfahren (8) und Anerkennung finden (9).

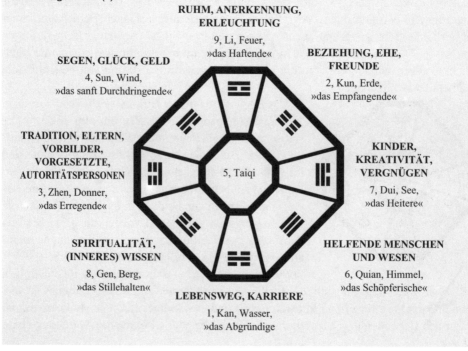

vollständigen und ausgeglichenen, rechteckigen oder quadratischen Formen im Fengshui bevorzugt. Nicht nur das Qi fließt darin gleichmäßiger, auch das *Bagua* schwingt darin vollständiger.

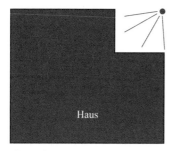

Grundriss Haus

Grundriss Wohnzimmer

Erinnern Sie sich an die Geschichte von Paul und Martina am Anfang des Buches? Der Fengshui-Berater schlug ihnen vor, eine Lampe in der Ecke des Sitzplatzes zu montieren, und im Wohnzimmer einen großen Spiegel aufzuhängen. Was hat ihn wohl veranlasst, die erwähnten Ratschläge zu geben? Beim Hausgrundriss wurde eine Ecke für den Gartensitzplatz ausgespart. Dem Wohnzimmer fehlte ebenfalls eine Ecke, weil die Garderobe in den Raum hineinragte. Damit sich diese nicht als energetische Löcher im Haus und Leben von Paul und Martina auswirkten, zielte die Bemühung des Beraters darauf hin, die ausgesparten Bereiche wieder in das Haus und den Raum zurückzuholen. Dies sollte vor allem ihre Beziehung unterstützen und beleben.

Da ihnen das Haus gut gefiel und sie keinerlei Pläne hatten es umzubauen, musste der Fengshui-Berater Lösungen im übertragenen Sinne suchen. Eine Gartenlampe vervollständigt die Form des Hauses und füllt den ausgesparten Bereich mit Licht und Energie. Ein Spiegel an der Wand des Wohnzimmers lässt das Gefühl entstehen, der Raum würde dahinter weitergehen und hilft optisch, den fehlenden Teil und somit seine Energien in den Raum zurückzuholen.

Wie soll eine Gartenlampe eine Beziehung verbessern? Diese Frage wird immer etwas offen bleiben. Die energetischen Muster und ihre Wirkungen sind für uns Menschen so subtil, dass wir sie kaum unmittelbar erfahren und nie ganz ergründen werden. Mit Bestimmtheit aber können wir auf die Kraft bauen, die von unseren eigenen Gedanken und Handlungen ausgeht. Paul und Martina haben sich vorgenommen, die neue Gartenlampe jeden Abend einzuschalten. Sitzen sie beim Abendessen, wird ihr Blick auf den hellen Sitzplatz fallen. So werden sie sich durch die Gartenlampe ihrer Bemühung die Beziehung zu verbessern immer wieder bewusst. Aber auch Fengshui-Maßnahmen, die keine tägliche Beschäftigung oder Gesprächsstoff liefern, haben die Eigenschaft, uns unbewusst daran zu erinnern, warum wir sie getroffen haben. So helfen sie, die Energien, die eine Veränderung bewirken können, in uns und unserer Umgebung zu aktivieren. Nicht nur geometrisch fehlende Ecken, auch überquellende Geräteschuppen, ungewartete Kompostbehälter, nie benutzte Gästezimmer, ungelüftete und überquellende Abstellräume, schlecht beleuchtete, fensterlose Badezimmer und Türen, die sich nicht öffnen lassen, beeinträchtigen den Qi-Fluss und machen sich als Störungen im *Bagua* bemerkbar. Umgekehrt können Erker, lichtdurchflutete Wintergärten, Balkone voller blühender Pflanzen, besonders liebevoll eingerichtete Räume und ein von der ganzen Nachbarschaft benutzter Pingpong-Tisch im Garten den Qi-Fluss anregen und die Energien eines bestimmten *Bagua*-Bereiches stärker zum Schwingen bringen.

Auch unsere Einrichtung beeinflusst das *Bagua*. Große und schwere Schränke, geräumige Kommoden und Truhen, Bilder von Klöstern, Kapellen oder Mandalas verleihen unserer Wohnung starke »Berg«-Energien. Gefühle der Beständigkeit und Sicherheit, die innere Ruhe und der Raum für die eigene Spiritualität werden unterstützt. Lieben wir das Verspielte und ist unsere Wohnung voller Modellautos, Puppen, spannender Krimis und unterhaltender Comics, sind die Energien des »Sees« stark. Kreativ sein, improvisieren, den inneren Regungen folgen wird uns leicht fallen.

Treten die Energien eines Trigramms dominant hervor, erhöht sich aber auch die Präsenz seiner Schattenseite. Überbordet das kindlich Spielerische in der Wohnung, kann dies unsere Fähigkeit zur Stille und Konzentration erschweren. Wie ein Berg zum unüberwindlichen und trennenden Hindernis wird, kann uns die Schwere und Unverrückbarkeit unserer Möbel beengen und blockieren und das Heilige all unserer Bilder unsere Freude und Lust an den kleinen Dingen des Alltags dämpfen.

Gestalten wir unseren Garten, unser Haus und unsere Räume, tun wir gut daran, auf ein ausgeglichenes *Bagua* zu achten. Je vollständiger es sich entfalten kann, desto wohltuender ist seine Wirkung. Teil einer ausgewogenen Ganzheit zu sein, gibt uns Kraft und Stärke.

Vollständig zufrieden sein sind intensive, aber meist seltene Momente. In unserem Leben wird es immer stark und schwach besetzte Bereiche geben. Mit den starken leben wir gerne und gut, die schwachen bereiten uns Mühe und Schmerzen. Kein Leben ist vollkommen, kein Haus perfekt. Fehlende Ecken, geschwächte Bereiche, dominierende Energien und unausgewogene Kräfte spiegeln das Leben in seiner Unvollkommenheit wieder. Gerade dies kann uns Ansporn sein für Weiterentwicklung und Suche nach neuen Lösungen.

Subtile Energieströme
Die Zahlen im *Bagua* weisen auf die Vorstellung hin, dass zwischen den einzelnen Bereichen ein ständiger Austausch von Energien stattfindet. Er folgt einer Bewegung, die sich ohne Anfang und Ende durch das *Bagua* windet. Es ist faszinierend, sich auf einem Blatt Papier das 9-er Zahlenraster des *Baguas* aufzuzeichnen und mit einem Stift ihr

Die scharfen Spitzen der Eisenplastik bohren sich buchstäblich in die Luft und erzeugen Sha-Energien. Auf einem Dorfplatz trägt dieses Kunstobjekt kaum zu einer friedlichen Stimmung bei, als Abwehr-, Schutz- oder Mahnmal könnte es sich hingegen gut eignen.

Sichtbare Holzbalken werden von vielen geschätzt. Jede Last aber, die ein Balken trägt, zeigt ihre Wirkung auch im Bereich der Schwingungen. Man sollte deshalb nicht unter Balken essen, schlafen, arbeiten oder sich lange aufhalten.

Gerade bei offenen Grundrissen können die Energien oft zu wenig in einen Raum verweilen. Sie fließen zu schnell weiter und vermischen sich mit den Energien des nächsten Bereichs. In dieser Wohnung trennt ein einfacher, farbiger Perlvorhang das offene Wohnzimmer vom Eingang ab.

Die Wege im chinesischen Garten sind Sinnbild für den Lebensweg des Menschen: verzweigt, gewunden und nie gerade, abwechslungsreich und voller Überraschungen.

Der chinesische Garten ist durch eine Mauer von seiner Umgebung getrennt. Das Eingangstor fällt von Westen auf und lädt den Besucher ein. Die weite Wiese davor wirkt wie ein riesengroßes Sammelbecken für das Qi der Umgebung.

Stein und Wasser sind die Grundelemente jedes chinesischen Gartens. Durch ihr Vorhandensein wird die belebende Polarität der beiden Urpole erfahrbar. Das weiche, formlose und bewegte Wasser steht im Gegensatz zum harten, starren und unbeweglichen Stein.

Zwei weitere Beispiele für die sinnbildhafte Gestaltung der chinesischen Gärten. Auch hier sind die Wege wieder verzweigt, gewunden und nie gerade, abwechslungsreich und voller Überraschungen.

Ist der Raum zu klein, greifen die chinesischen Gartengestalter zu einem Trick: Sie unterteilen ihn weiter, verbinden aber die verschiedenen Bereiche miteinander. Öffnungen wie das »Mondtor« ziehen den Blick an, lenken die Aufmerksamkeit auf den Bereich jenseits des Tores und versprechen weitere Raumerlebnisse.

Wie auf einer Leinwand zeichnet sich das Spiel von Licht und Schatten auf der weißen Mauer ab. Auch Bilder ausserhalb des Gartens werden als Kulissen einbezogen. Die Mauer ist deshalb nicht allzu hoch und mit Öffnungen versehen. Der Corbusier-Pavillon im Hintergrund stellt hier einen spannungsvollen Kontrast dar.

Die Oberfläche des Teiches ist leicht bewegt und lebendig. Die geschwungene Uferlinie und die Bepflanzung schaffen einen sanften Übergang zur Umgebung und tragen zu einem harmonischen Qi-Fluss bei.

Ein geschwungener Weg, plätscherndes Wasser, große Steine und Blumentöpfe gliedern den Garten in verschiedene Bereiche. Er wirkt dadurch größer und interessanter. Eine Vielfalt entsteht und schafft eine kleine Welt für sich. Die Mauer schirmt die Straße ab und bietet sich als schützende »Schildkröte« für den Sitzplatz an.

Der Aussenraum ist in drei Bereiche gegliedert: Ein offener Sitzplatz gegen Westen, ein Wintergarten in der Mitte und ein dreiseitig geschützter Platz gegen Osten. Jeder von ihnen hat einen eigenen Charakter und lädt je nach Witterung, Jahreszeit oder Stimmung zum Verweilen ein.

Ein guter Platz um sich auszuruhen: Die Hauswand bildet die »Schildkröte« und vermittelt das Gefühl von Schutz und Sicherheit. Ein Aprikosenspalier unmittelbar neben der Sitzbank auf der Seite des »Drachens«, ein Busch etwas weiter entfernt auf der Seite des »Tigers« bieten Halt und Geborgenheit. Nach vorne zum »Phönix« hin bleibt der Blick frei.

Die Fortsetzung der Geschichte von Paul und Martina

Die ausgesparten Ecken des Hauses von Paul und Martina wiesen den Fengshui-Berater darauf hin, dass das Trigramm der »Erde« geschwächt war. Die ihm zugeordnete Energiequalität versinnbildlicht die nährenden und empfangenden Eigenschaften, die uns das Bild der Mutter Erde vermittelt. Im Leben finden wir diese Energien in den Beziehungen zu nahe stehenden Menschen, unseren Ehe- und Lebenspartnern und Freunden. Aber auch am Arbeitsplatz, in der Nachbarschaft, der Schulklasse sind die zwischenmenschlichen Kontakte Ausdruck dieser Energien.

Die gleichen Energiequalitäten finden wir in unserer Wohnung und in allem, was uns und unseren Körper aufnimmt, trägt und umhüllt. Dies sind Sofas, Sessel, Kissen, Matratzen, Teppiche, alle Textilien wie Vorhänge, Bettüberwürfe und Kleider. Auch Bilder und Skulpturen können diese aufnehmende und nährende Energie darstellen. Eine kleine Statue einer üppigen Urmutter, ein Bild eines brachliegenden Ackers, in dem die ersten Sprösslinge keimen, ein Poster zweier tanzenden Delphine, ein Foto eines gerne erinnerten Wochenendes mit einem geliebten Menschen enthalten ebenso die Energiequalitäten des Trigrammes der »Erde«.

War das Haus von Paul und Martina mit Möbeln aus Glas und Chromstahl, kühlen Farben, glatten Steinböden und Fensterrollos aus Metalllamellen eingerichtet, so empfahl ihnen der Berater sicherlich etwas in ihrer Einrichtung zu verändern. Teppiche, Vorhänge, weiche und ausladende Sitzgelegenheiten, Kissen und warme Farben bringen die sanften und tragenden Energien des Trigrammes der »Erde« ins Haus und somit vermehrt auch ins Leben.

Es gibt aber auch Möglichkeiten, die Energien eines Trigrammes zu stärken, ohne in der Wohnung etwas zu verändern. Zweifellos können gemeinsame Ferien, der Besuch eines Paarseminars oder eine Gesprächstherapie die Energien des Erde-Trigrammes beleben. Es gibt aber Möglichkeiten, die vordergründig nicht im Zusammenhang mit Beziehungen stehen, aber nach Fengshui diese trotzdem unterstützen. Vielleicht hat der Berater Paul und Martina ermuntert, verschiedene Vorhaben auszuführen, die sie schon lange vorhatten. Martina liebäugelte damit, sich für den Tonmodellierkurs anzumelden und war auch entschlossen, die angefangene Patchworkdecke endlich fertig zu nähen. Paul hatte schon vor längerer Zeit darüber geredet, gemeinsam mit Freunden die Erde im Garten umzustechen, neue Pflanzbeete anzulegen und anschließend bei einem guten Abendessen gemütlich zusammenzusitzen.

Allein durch die Betrachtung der beiden Grundkräfte Yin und Yang können wir über die Wohnung von Paul und Martina schon einiges aussagen. Wir erkennen, dass wegen der kühlen Einrichtung die Yang-Energie zu ausgeprägt ist und vorschlagen, durch Textilien, Teppiche und Vorhänge für einen wohltuenden Yin-Ausgleich zu sorgen. Mit den acht Trigrammen haben wir die Möglichkeit, zu differenzieren. Wir können die Art der fehlenden Yin-Qualität genauer definieren und Bezüge herstellen zu den davon betroffenen Lebensbereichen. Wir können besser erfassen, mit welchen Änderungen in der Wohnung wir diese in unserem Leben wieder integrieren, um den gewünschten Ausgleich zu erreichen.

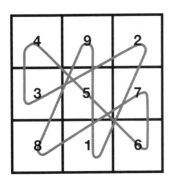

nachzufahren. Haben wir die Zahlenfolge verinnerlicht, können wir sie auf einen Raum oder ein Haus übertragen, und ihr in Gedanken oder mit unseren Schritten folgen.

Das Durchschreiten unserer Umgebung nach dem Muster des *Bagua* ist aufschlussreich, schärft unsere Wahrnehmung und bringt uns überraschende Entdeckungen. Wir begegnen Grundrissen, die so unausgewogen sind, dass uns das Abschreiten des *Baguas* immer wieder ins Freie oder in die Wohnung des Nachbarn führt und wir ständig aus der Ganzheit des *Baguas* hinausfallen. Wir kommen in Räume, wo uns schwere Möbel festhalten oder den Weg verstellen und wo wir bei Mauerkreuzen, eingebauten Schränken oder in dunklen Abstellräumen stecken bleiben. Wir stoßen auf Ecken, in denen verstaubte und seit Jahren unbeachtete Gegenstände uns ungewollt gefangen nehmen. Wir treffen Bereiche an, die leer und leblos erscheinen und wo uns nichts zum Verweilen einlädt. Wir finden Orte, wo große Öffnungen, Kamine und Treppen die Energie aus den Räumen wegziehen.

Der gleichmäßige Fluss zwischen den einzelnen Bereichen ist die Voraussetzung dafür, dass das *Bagua* als Ganzheit pulsieren kann. Alles in und rund um unser Haus beeinflusst diesen subtilen Energieaustausch.

Ohne auf die Bedeutung der Trigramme und alle ihre Zuordnungen genauer einzugehen, kann allein das Unterteilen eines Hauses oder Raumes in neun Bereiche sehr hilfreich sein. Wir benutzen das *Bagua* als Raster, das uns anhält alles in unserer Umgebung gründlich und systematisch zu betrachten. Das Durchschreiten macht uns deutlich, wie alle Teile eines Hauses, einer Wohnung, eines Raumes ineinander übergehen, zusammengehören und eine Ganzheit bilden. Es gelingt uns differenzierter zu beurteilen, wo die Energien ruhig und stetig fließen, dahineilen, stocken oder versickern. Es motiviert uns, dominierende oder untervertretene Kräfte von einzelnen Bereichen auszugleichen, Energien fehlender Teile in das Achteck zurückzuholen und die Ganzheit des *Baguas* wieder herzustellen.

Das magische Quadrat

In den Überlieferungen gibt es zwei verschiedene Legenden, wie die Menschen die Formel des Baguas erhielten. Die eine Geschichte ist die der kleinen Schildkröte. Die andere reicht zeitlich noch weiter zurück. Nach ihr soll den Fluten des großen Flusses Lo ein sagenumwobenes Pferd entstiegen sein, in dessen prächtiger Erscheinung sich die innere Ordnung des Baguas spiegelte. Interessanterweise tragen in beiden Legenden Tiere den Schlüssel zum Verständnis der Welt mit sich und bringen ihn, aus dem Wasser steigend, den Menschen.

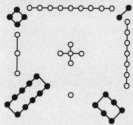

In den ursprünglichen Darstellungen wird das Muster des Baguas mit Punkten dargestellt. Ihre dunkle und helle Farbe stellen die Yin- und Yang-Qualitäten dar, ihre Menge die entsprechenden Zahlen. Das Muster, das sich zeigt, ist das »magische Quadrat«. In ihm sind die Zahlen von 1 bis 9 so angeordnet, dass wir seine Zahlenreihen in jeder Richtung zusammenzählen können und immer auf das gleiche Ergebnis, nämlich die Zahl 15 kommen.

Auch in abendländischen Lehren, wie zum Beispiel in der Kabbala, finden wir die Anwendung von magischen Quadraten. In der alten chinesischen Kultur wurde das 3-er Quadrat Grundlage weiterer Systeme. Ein großer Teil der chinesischen Astrologie baut auf ihm auf, ebenso der chinesische Kalender. Für die astronomischen Berechnungen wurde das Zahlenmuster auf ein 9-er Quadrat mit 81 Zahlen erweitert und die Eckpunkte und die Zyklen des Jahres damit festgelegt.

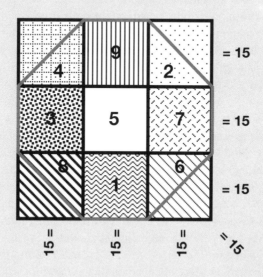

Die leere Mitte

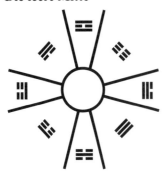

Ein *Bagua* hat neun Bereiche, es gibt aber nur acht Trigramme. Der Bereich ohne Trigramm ist das Taiqi des *Baguas*. Es hat keine spezielle Energiequalität und auch keine besonderen Zuordnungen, die es definieren. Es ist die leere Mitte, in der sich aber alle acht anderen Bereiche spiegeln. Es ist das Taiqi, das gleichzeitig die Leere und das Potential der Fülle in sich trägt. Deshalb wird das *Bagua* manchmal mit einem Taiqi-Zeichen in der Mitte dargestellt. Je klarer wir die Mitte spüren, desto stärker und eindeutiger erleben wir auch die Ganzheit.

Wie der menschliche Körper besitzt jeder Raum, jedes Haus und jeder Garten ein energetisches Zentrum. Wie das *Bagua* uns zeigt, ist diese Mitte gleichzeitig Ausdruck von Leere und Fülle und deshalb gibt es verschiedene Möglichkeiten, sie zu betonen. Wir können darauf achten, dass sie leer bleibt. Wir können ihr auch eine besondere, nicht alltägliche Bedeutung verleihen. Im Garten markieren wir die Mitte mit einem kleinen, von niedrigen Steinen umrahmten, leeren Kiesplatz, einer leichten Anhebung, einer einzelnen Pflanze oder einem kunstvollen, bunten Windrad. Im Haus lassen wir einen kleinen, wertvollen Teppich unbedeckt, damit seine ganze Schönheit zur Geltung kommt, hängen ein besonderes Bild mit einer speziellen Beleuchtung auf, oder stellen in einer Glasvitrine unser schönstes, selbst bemaltes Porzellan aus.

Wir können das Taiqi auch zum Zentrum unserer Aktivitäten machen. Im Garten stellen wir dort unseren großen Tisch unter dem ausladenden Sonnenschirm auf, der wie jedes Jahr zum Mittelpunkt des sommerlichen Gartenlebens für Groß und Klein wird. Im Haus hängen wir das Infobrett für die Familienaktivitäten auf, im Büro stellen wir die von allen benutzten, elektrischen Maschinen, die Telefonbücher und allgemeine Unterlagen in das Taiqi.

Auf jeden Fall sollten wir darauf achten, dass die Energien im Taiqi immer frei und in Bewegung sind. Besonders dort sind Möbel, die den Weg verstellen, Türen, die sich nicht öffnen lassen oder Staubecken, die sich ansammeln, zu vermeiden.

Es gibt aber bauliche Gegebenheiten, die wir nicht beheben können und die sich ungünstig auf das Taiqi auswirken. Durchgänge, Türen und Treppen lassen die Energien im Taiqi unruhig werden, Kamine und vor allem die Abläufe von Toiletten führen sie aus der Mitte des Hauses weg, Mauern, innen liegende Räume und Einbauschränke halten sie fest. Haben wir keine Möglichkeit, solche Situationen zu verbessern, können wir dafür die Mitte in den einzelnen Räumen mit besonderer Sorgfalt gestalten.

Ein *Bagua* definiert die Mitte als geometrisches Zentrum. Es gibt Grundrisse, die so ausufernd oder einseitig sind, dass es kaum möglich ist oder wenig Sinn macht sich dar-

Das schwingende Gegenüber

Als Teil einer Ganzheit ist jeder Bereich des *Baguas* mit allen anderen verbunden. Zu jedem gibt es aber immer zwei weitere, die auf eine besondere Weise auf ihn bezogen sind. Es sind sein »physisches« und sein »schwingungsmäßiges« Gegenüber. Das erste finden wir im Achteck auf der gegenüberliegenden Seite, das zweite, indem wir sein inneres Spiegelbild suchen.

Nehmen wir als Beispiel den Bereich des »Himmels«. Im Achteck finden wir sein Trigramm in der rechten, unteren Ecke. Sein »physisches« Gegenüber befindet sich also in der linken oberen Ecke und ist der Bereich des »Windes«. Sein »schwingungsmäßiges« Gegenüber erkennen wir in der »Erde«, da sein Trigramm sich aus den genau entgegengesetzten Linien zusammensetzt.

Da mit jedem Bereich zwei andere mitschwingen, gibt es im *Bagua* acht verschiedene Dreibeine. Wollen wir einen Bereich in unserem Haus oder Leben stärken, treffen wir Maßnahmen, um ihn zu aktivieren. Manchmal ist dies aber nicht möglich. Dann können wir auf die anderen beiden Bereiche ausweichen. Wir können die Idee des Dreibeins aber auch benutzen, um einem Vorhaben besonderes Gewicht zu verleihen. Stärken wir einen Bereich und treffen gleichzeitig Maßnahmen in den beiden mitschwingenden Gegenübern, wird dies unserem Vorhaben größeres Gewicht verleihen.

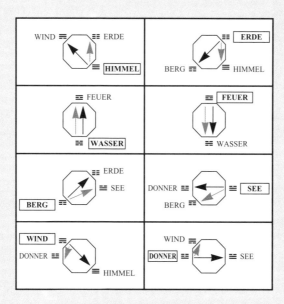

auf zu beziehen. Ist ein Großraumbüro so verwinkelt, dass wir darin das *Bagua* kaum erkennen, wird es auch nicht möglich sein, eine Mitte zu finden. Gerade hier kann es aber sehr gut tun einen Ort zu schaffen, der seiner Bedeutung nach zur Mitte wird. Dies könnte die rege benutzte Kaffeemaschine an einer originell beleuchteten Stehbar sein, wo sich die Mitarbeiter treffen. Es könnte auch die neu eingerichtete Besprechungsecke sein, mit der vom Lehrling gefertigten Hängelampe, den bequemen Stühlen und dem großzügigen Tisch, an dem alle Mitarbeiter Platz finden und die täglichen Koordinationsbesprechungen stattfinden.

In jedem Haus, jedem Garten und in jedem Raum können wir einen Ort gestalten, der für uns die Bedeutung einer Mitte erhält, ohne geometrisch im Zentrum liegen zu müssen.

Sonne und Nordpol
Wie wir unsere Umgebung erleben und gestalten hängt von vielen Faktoren ab. Eine wichtige Rolle spielen dabei die Himmelsrichtungen. Sie sind entscheidend für die Stimmung in unseren Gärten und Häusern, beeinflussen unser Befinden und bestimmen mit, wie wir unsere Umgebung einrichten und benutzen. Der Sitzplatz auf der Westseite des Hauses ist nur über eine unbequeme Treppe zu erreichen, trotzdem treffen sich dort alle, um die letzten Sonnenstrahlen zu genießen. Unsere Wohnung ist nach Osten und Westen ausgerichtet, am Vormittag und am Abend von Sonne durchflutet. Trotzdem vermissen wir, besonders im Winterhalbjahr, das kräftige Licht der Südsonne.

Die Energiequalitäten der Himmelsrichtungen kennen wir bestens aus unserem täglichen Leben. Wir wissen, dass es in einer Küche gegen Süden unangenehm heiß werden kann, in einem Zimmer gegen Westen die Wärme und Intensität der Abendsonne die Kinder am Einschlafen hindert. Wir empfinden es als selbstverständlich für den südlichen Teil unseres Gartens Pflanzen auszuwählen, die heiße und trockene Standorte lieben und für den nördlichen Teil solche, denen es an schattigen und feuchten Plätzen gefällt.

Die Himmelsrichtungen helfen uns mit unserer Umgebung vertraut zu werden. Kennen wir diese gut, wissen wir mit der Zeit genau, hinter welchem Haus die Sonne im April aufgeht, hinter welchem Baum sie untergeht und wie lang die Schatten sind, die unsere Hecke im Januar etwa um die Mittagszeit wirft.

Die Himmelsrichtungen erleben wir durch die Sonne, die im Verlaufe eines Tages von Osten nach Westen wandert. An ihrem Stand und an der Stärke des Tageslichtes erkennen wir die Tageszeit. Keine noch so ausgeklügelte Beleuchtung ersetzt uns in unterirdischen Ladenpassagen und fensterlosen Arbeitsplätzen unser Verbundensein mit dem natürlichen Tagesablauf.

Im Erleben der Himmelsrichtungen verbinden wir die Erfahrung von Raum und Zeit. Wir sehen, wo die Sonne steht, und wissen, wie spät es ist. Allerdings hängen die inneren Bezüge, die wir herstellen, davon ab, in welcher Hemisphäre wir leben. Es ist für uns schwer vorstellbar, dass das gleißende Licht der Mittagssonne von Norden her kommt. Genau so erging es den ersten englischen Auswanderern, die in Australien ihre Häuser bauten, wie sie es sich von zu Hause her gewohnt waren. Veranden und Wohnräume öffneten sich nach Süden. Leider lagen diese dann immer im Schatten, weil in Australien die Sonne nicht von Süden, sondern von Norden her scheint.

Die Energiequalitäten der Himmelsrichtungen, wie wir sie täglich erleben und verinnerlichen, hängen auch von der geografischen Lage der näheren und weiteren Umgebung ab. Wohnen wir in einem engen Bergtal oder in einer weiten Ebene, haben wir im Osten und Westen hohe Gebäude oder eine freie Rundsicht, werden wir die Besonderheiten der Himmelsrichtungen sehr verschieden empfinden. Leben wir im nördlichen Europa, verbinden wir mit dem Süden nicht nur die Vorstellung von Licht und Wärme, sondern auch von südländischer Lebensweise, mediterraner Kultur und Urlaub. Stößt unser Land im Süden an das weite Meer an, werden wir mit dieser Himmelsrichtung andere Bilder verbinden.

Die Himmelsrichtungen werden durch die Lage des Nord- und des Südpoles bestimmt und wir erleben sie, wenn auch nicht so unmittelbar, über das Erdmagnetfeld. Biologische Vorgänge verbinden unseren Körper mit ihm. Auch unser Kultur hat die Verbundenheit des Menschen mit den Himmelsrichtungen erkannt. Kathedralen und alte Kirchen stehen in einer klaren Ost-Westausrichtung. Der Volksmund rät uns, mit dem Kopf gegen Norden oder Osten zu schlafen und im biologischen Bauen wird die Wirkung des Erdmagnetfeldes bei der Planung mitberücksichtigt.

Im Fengshui erhalten die Himmelsrichtungen eine zentrale Bedeutung. Wir begegnen ihnen in Zusammenhang mit den *fünf Elementen,* den *fünf Tieren* und der »Kompass-Schule«. Die meisten Lehren nehmen die Himmelsrichtungen als Ausgangslage für die verschiedenen Anwendungen des universalen Rasters. Es gibt auch viele, teilweise sehr unterschiedliche Empfehlungen, welche Himmelsrichtung sich am besten für Haustüren, Essplätze und Arbeitszimmer eignet.

Die Bedeutung der Himmelsrichtungen im Fengshui müssen wir aber auch vor dem Hintergrund der geografischen Lage von China betrachten. Das Reich der Mitte war sehr groß, überquerte aber nie den Äquator. Im Norden und Nordosten grenzt es an die Mongolei. Von dort blasen die kalten Winde und fallen die Barbaren ein. Im Osten liegt der Pazifik und das Ende der Welt. Im Westen türmen sich die Gebirge des Himmalaya, diese unüberwindlichen Berge schützen und trennen China vom Westen. Das Land erstreckt sich über eine so weite Distanz, dass starke klimatische Unterschiede zwischen dem Norden und dem Süden entstehen. Diese spiegeln sich in den Landschaften, der Bauweise, dem Lebensstil und dem Charakter der Menschen wider. Sie schlagen sich auch in den Verschiedenheiten, die wir innerhalb der Fengshui-Lehren antreffen, nieder. Arbeiten wir mit den Himmelsrichtungen, müssen wir ihre Bedeutung immer auf die Lage der betreffenden Länder, Städte, Quartiere und Häuser hin überprüfen und gegebenenfalls anpassen.

Die Himmelsrichtungen im Bagua
Es gibt vier Hauptrichtungen (Ost – Süd – West – Nord), und vier Zwischenrichtungen, (Südost – Südwest – Nordwest – Nordost). Werden den *fünf Elementen* die vier Hauptrichtungen zugeordnet, erhalten im *Bagua,* dank der acht Trigramme, alle acht Himmelsrichtungen einen eigenen Bereich. Sie stellen eine der wichtigsten Zuordnungen dar.

Jedes *Bagua* hat einen Osten, Süden, Westen usw. Es sind seine eigenen, inneren Himmelsrichtungen, die nichts mit äußeren geographischen Gegebenheiten zu tun haben. Sie sind Ausdruck der Energiequalitäten, die sie verkörpern und die sich in der Ganzheit des *Baguas* beschreiben lassen.

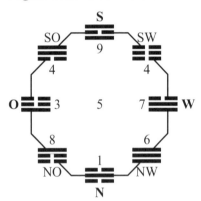

In der chinesischen Darstellung ist der Süden oben und der Norden unten. Haben wir uns an diese Umkehrung gewöhnt, scheint sie uns mit der Zeit fast natürlicher und näher an unserem täglichen Erleben. Ähnlich den Pflanzen richten auch wir Menschen uns nach dem Licht. Auf der Terrasse eines Bergrestaurants setzen sich die meisten Leute ungeachtet des schönsten Panoramas mit dem Gesicht zur Sonne hin. In den Büros sind die Fensterplätze am begehrtesten. Auch wenn die Aussicht die gegenüberliegende Hauswand ist, das Aufstellen der Bildschirme zu einem Problem wird und der Fengshui-Berater wegen des großen Qi-Verlustes und dem ungeschützten Rücken davon abrät, stehen viele Schreibtische direkt vor dem Fenster. Ins Licht und ins Freie zu blicken scheint einem tiefen, inneren Bedürfnis zu entsprechen. Vorne und oben sind das Licht und die Wärme, hinten und unten sind die Dunkelheit und die Kälte.

Hinter der chinesischen Anordnung der Himmelsrichtungen steht auch die Vorstellung, dass die kosmischen Kräfte unserer Milchstraße von Norden her in unseren Planeten einströmen. Wir stehen am Nordpol und betrachten, wie sich diese über unsere Erde ausbreiten und sich das universale Energieraster abzeichnet. Vor uns liegt der Süden, zu unserer Linken der Osten und unserer Rechten der Westen.

Das drehende Rad

Es gibt noch eine andere Betrachtungsweise des *Baguas,* in der seine innere Ordnung als Ausdruck einer zyklischen Bewegung verstanden wird. Die Energiequalitäten der Trigramme lassen sich zum Beispiel in den wiederkehrenden Kreisläufen eines Jahres und eines Tages erkennen.

Auch die Phasen des menschlichen Lebens lassen sich auf die Trigramme beziehen. Zur Geburt gehört die explosive Stärke des »Donners« und die frische Kraft des Ostens,

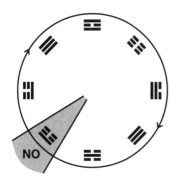

zum Höhepunkt des Lebens die Glut des »Feuers« und die dynamische Qualität des Südens, zu den schwindenden Kräften und dem allmählichen Rückzug die heitere Gelassenheit des »Sees« und die Milde der untergehenden Sonne des Westens und zum Tod die Stille und Unbeweglichkeit des tiefen »Wassers« und die Kälte und Starre des Nordens.

Das *Bagua* stellt unser Leben als immer wiederkehrenden Kreislauf dar. Zwischen Tod und Geburt finden wir eine Art Grauzone, die außerhalb des Lebens liegt. Dorthin zieht sich das Lebensprinzip zurück und formt sich neu, bevor es wieder in Erscheinung tritt. Dies ist die Pforte zwischen der diesseitigen und jenseitigen Welt, die zum *Bagua*bereich des Berges und des Nordostens gehört.

Der »Berg« ist der einzige Bereich des *Baguas,* der idealerweise keine Ausbuchtung aufweisen sollte. In vielen traditionellen Büchern finden wir Anweisungen, die davon abraten, Haustüren, aber auch Schreibtische und Betten nach Nordosten auszurichten. Die Begründung liegt in der Vorstellung, dass es den Lebenden nicht gut bekommt, Tür und Tor zum Jenseits zu weit offen zu halten. Die Abneigung gegen diese Himmelsrichtung erklärt sich auch durch die Lage Chinas. Das Land wurde immer wieder von feindliche Übergriffen, vorwiegend aus der Mongolei, die im Nordosten Chinas liegt, heimgesucht.

Das kosmische Achteck drückt aus, dass alle Bewegungen im Universum zyklisch verlaufen. Das kreisförmige Abschreiten des *Baguas* kann eine ebenso gute Methode sein, die Energien und den Energiefluss eines Hauses zu erkunden. Wir bewegen uns im Uhrzeigersinn durch die acht Bereiche und lassen dabei die Mitte immer frei. Diese Bewegung erinnert uns an das Rad der Zeit, das Einkreisen eines Themas, die archaischen Muster von Rundtänzen, das Wandeln um den offenen Hof in griechischen Säulenhallen und mittelalterlichen Kreuzgängen.

Die entscheidende Frage

Das *Bagua* ist eine der mentalen Landkarten des Fengshui, mit der wir uns im Energiefeld der Zeit, des Raumes und unseres eigenen Lebens orientieren können. Die Trigramme, die Zuordnungen, ihre Anordnung im Achteck, das 9-er Raster sind die abstrakten

Koordinaten der Kompass-Schule. Ihre Übertragung in die gegenständliche Wirklichkeit kommt der Aufgabe gleich, ein Raster kosmischer Dimensionen in unserem Alltag sinnvoll umzusetzen. Mögen wir von der gedanklichen Auseinandersetzung mit den interessanten Philosophien des Fengshui fasziniert sein, zählen werden für uns letztendlich die praktischen Schlüsse und maßgeschneiderten Vorschläge.

Eine sinnvolle Interpretation des *Baguas* bezieht die Persönlichkeit und die Lebenssituation eines Menschen mit ein und lässt daher immer einen großen Spielraum offen. Darüberhinaus müssen wir uns mit den unterschiedlichen Auffassungen auseinandersetzen, die im Verlaufe der Jahrhunderte entstanden sind und die sich alle mit der entscheidenden Frage befassten, wie sich das kosmische Achteck in unseren Räumen offenbart und welche Schlüsse wir daraus ziehen.

Es gibt zwei grundlegende Methoden. Die eine orientiert sich am Magnetfeld der Erde und den Himmelsrichtungen. Sie ist die Grundlage der meisten traditionellen Kompass-Schulen und wird als »Ost-West-Technik« bezeichnet. Die andere Methode betrachtet den Qi-Fluss im Raum, wie er sich vom Zugang oder der Türe her verteilt. Sie ist im Westen populär, im traditionellen Fengshui aber weniger verankert und als »Tür-Methode« bekannt.

Die persönliche Richtung

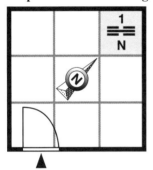

Unterteilen wir ein Haus nach dem Muster des *Baguas,* erhalten wir eine Mitte und acht Bereiche. In der Ost-West-Technik werden diese nach ihrer geographischen Lage definiert. Der Bereich in der Südostecke des Hauses wird zum *Bagua*-Bereich des Südostens und des »Windes«, der Hausteil auf der Nordseite zum *Bagua*-Bereich des Nordens und des »Wassers«. Die wirklichen Himmelsrichtungen stimmen mit den inneren des *Baguas* überein. Im Haus spiegelt sich das Energiemuster, das sich überall auf der Welt auf die gleiche Weise zeigt, da es sich nach dem Magnetfeld der Erde richtet. Auf dieser Grundlage sind weitere Systeme entwickelt worden, die die räumliche Anordnung eines Hauses, seine Ausrichtung und die Lage der Haupteingangstüre mit einbeziehen.

Wir können ein Haus, einen Garten unabhängig von den Menschen, die darin leben, als eigenständigen Organismus betrachten und seine Energiefelder untersuchen. Wir können uns aber auch darüber Gedanken machen, wie die Energiefelder der Menschen zu denjenigen eines Ortes passen. Dies führt uns zu den differenzierten Techniken des Bazhi-Systems und der fliegenden Sterne und vor allem zur chinesischen Astrologie. Das universale Raster, das wir vom *Bagua* her kennen, wird darin zur Bestimmung der Energiequalität von Zeitabschnitten verwendet. Ihrem Geburtsjahr entsprechend wird jeder Person ein Trigramm zugeordnet. Dieses hilft uns zu erkennen, welche Bereiche eines Hauses und welche Himmelsrichtungen für uns günstig oder ungünstig sind.

Ohne auf das Bazhi-System näher einzugehen, können wir uns von dem Gedanken anregen lassen, dass jeder Mensch vier Himmelsrichtungen hat, die ihm besser entsprechen als die anderen, und dass es sogar Himmelsrichtungen gibt, die ihm besonders gut tun. So gibt es im Garten, im Haus, in jedem Zimmer Bereiche, die für uns persönlich besser stimmen, und Himmelsrichtungen, die sich für die Ausrichtung unserer Haustüre, unseres Schreibtisches und unseres Bettes besser eignen, als die anderen.

Wollen wir im Garten für uns eine beschauliche Ecke mit einer kleinen Sitzbank einrichten, sollten wir unseren Empfindungen nachgehen und ausprobieren, welche Orte und welche Blickrichtung uns persönlich am meisten ansprechen. Erledigt unser Kind seine Schulaufgaben immer am Küchentisch, können wir sein Pult kehren oder es in eine andere Ecke des Zimmers verschieben und abwarten, ob sich sein Verhalten ändert. Haben wir die Möglichkeit vor einer Versammlung, die wir leiten, den Raum zu besichtigen, lohnt es sich die möglichen Plätze im Voraus zu erkunden und den Ort und die Blickrichtung auszuwählen, die uns am meisten zusagen.

Von der Pforte aus

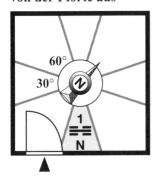

Zugänge, Eingänge und Türen markieren die Schwelle zwischen draußen und drinnen. Für unser Erleben ist es entscheidend, wie wir den Zugang zu einem Ort finden und wie wir ihn betreten, ob wir uns geleitet und empfangen fühlen oder uns anstrengen und überwinden müssen. Bei den Zugängen und Eingängen tragen wir unsere Energien in unseren Garten und in unser Haus hinein.

Der Eingang ist die Pforte, wo das Qi in einen Raum hineinfließt. Im Fengshui erhält diese Nahtstelle eine große Bedeutung. Es ist wichtig, wie Zugänge und Eingänge gestaltet sind, wie sie zu den fünf Tieren ihrer Umgebung liegen, wie sie in Bezug auf die günstigen und ungünstigen Himmelsrichtungen der Bewohner ausgerichtet sind. Es gibt Fengshui-Schulen, die die Pforte des Qi sogar zum Bezugspunkt des *Baguas* wählen. Der Eingang bestimmt, wie sich das subtile Energieraster im Raum ausbreitet. Auch wenn diese Methode umstritten ist, spricht uns ihr unmittelbarer Bezug zu unserem täglichen Erleben an. Vom Gartentor aus gehen wir auf unser Haus zu, vom Eingang betreten wir unsere Wohnung, von der Türe aus unsere Zimmer. Diese Bewegung wiederholen wir jeden Tag unzählige Male und je länger wir an einem Ort leben, desto mehr werden wir sie verinnerlichen. Zugänge und Türen sind innere Orientierungspunkte. Sie verleihen einem Raum ein Vorne und Hinten, ein Links und ein Rechts. Haben wir unsere Einkaufstasche verlegt und suchen sie verzweifelt,

Das Bagua legen

- **Der erste Schritt:** das Rechteck definieren

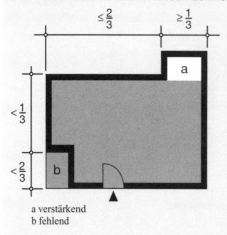

a verstärkend
b fehlend

Der erste Schritt besteht darin, das Rechteck zu definieren, in dem sich das Bagua ausbreitet. Laut einer Faustregel gelten vorspringende Grundrissteile (a), die kürzer sind als ein Drittel der Seitenlänge, als Ausbuchtungen und somit als Verstärkung des betreffenden *Bagua*bereiches. Einbuchtungen (b), die weniger als Zweidrittel der Seitenlänge messen, führen zu fehlenden Ecken im Bagua. Um zu beurteilen, was im Bagua fehlt und was dazukommt, müssen wir aber immer mit berücksichtigen, wie der fragliche Teil gestaltet, eingerichtet und genutzt ist. Je nach Situation können wir einen vorspringenden Bereich als Verstärkung erleben, auch wenn er die halbe Seitenlänge einnimmt. Bei verwinkelten Formen ist es eine Ermessensfrage, was wir in das Rechteck einbeziehen wollen und was nicht. Grundsätzlich ist es immer sinnvoll, das *Bagua* so zu legen, dass möglichst viel der zu betrachtenden Fläche abgedeckt wird und sich möglichst wenig ausgesparte Bereiche ergeben.

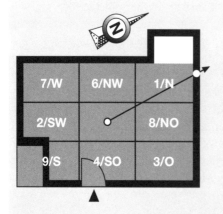

- **Der zweite Schritt:** die Methode wählen

Die Ost-West-Technik
- Die definierte Grundfläche wird in neun gleiche Felder aufgeteilt.
- Wir suchen die Mitte und tragen von ihr ausgehend die Nordrichtung ein.
- Das Feld, wo der Nordpfeil das Rechteck verlässt, ist der *Bagua*bereich des Nordens. Haben wir ihn festgelegt, können wir die restlichen Himmelsrichtungen eintragen. Fügen wir die Zahlen der einzelnen Bereiche hinzu, haben wir das energetische 9-er Raster nach der Ost-West-Technik ermittelt. Wir können es als Grundlage für weitere Anwendungen benutzen oder die Lebensbereiche eintragen.

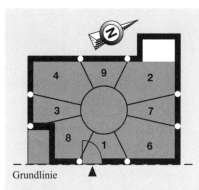

Die Türmethode

- Haben wir einen Plan, drehen wir ihn so, dass der Zugang oder die Türe immer unten liegt. Die im Plan zuunterst liegende Wand bestimmt die Grundlinie. Manchmal ist die Türe in den Raum hineinversetzt und liegt nicht auf der Grundlinie. Trotzdem bestimmt sie die Ausrichtung des *Baguas*.
- Das *Bagua* wird als Rechteck eingezeichnet. Bei einem quadratischen Grundriss betragen die Bereiche oben und auf der Seite 30°, die Eckbereiche 60°. Bei einer rechteckigen Form lässt sich das Bagua in die Höhe und die Breite ziehen.
- Eingänge liegen immer in einem der Bereiche 8 (Berg), 1 (Wasser) oder 6 (Himmel). Haben wir diese drei festgelegt, können wir auch die restlichen eintragen und die Mitte einkreisen. Hier geht es weniger um die genaue geometrische Einteilung. Das Achteck ist eher eine Hilfe, die Lage der einzelnen Bereiche und der Mitte in einem Grundriss oder einem Raum zu erkennen. Diese Einteilung wird vor allem im Zusammenhang mit den Zuordnungen zu den Lebensbereichen verwendet.

wird uns unser Partner vielleicht mit dem Vorschlag weiterhelfen, in der Küche vorne links bei den bereit gestellten Flaschen oder beim mittleren Kasten auf der rechten Seite nachzuschauen. Wollen wir ein schönes, für uns besonderes Bild aufhängen, wird es an der Wand gegenüber der Türe am besten zur Geltung kommen.

Geht es bei der Ost-West-Technik um die Einbindung von Räumen und Menschen in die äußeren, natürlichen Gegebenheiten, steht bei der Türmethode das Wechselspiel zwischen dem Mensch und seiner von ihm erschaffenen Umgebung im Vordergrund.

Das *Bagua* ist ein faszinierendes gedankliches Konzept, das uns tief in die alte chinesische Philosophie hineinführt. Seine Tiefgründigkeit zu erfassen, ist auch ohne Beschäftigung mit dem Fengshui bereichernd und empfehlenswert. Angewendet auf die Gestaltung unserer räumlichen Umgebung, finden wir darin viele interessante Aussagen, die unserem westlichen Denken einige Fragen auferlegen. Wie bedeutend sind die Vollständigkeit einer Form und das Vorhandensein einer klaren Mitte? Gibt es subtile Energieströme in unseren Räumen? Wie können wir sie erkennen und lenken? Wie maßgebend werden örtliche Gegebenheiten von den wechselnden Qualitäten der Zeit beeinflusst?

Setzen wir uns mit diesen östlichen Gedanken auseinander, wird uns dies nicht nur in unserer Arbeit beim Entwerfen, Planen und Einrichten bereichern, sondern auch die Art verfeinern, wie wir unsere Umgebung wahrnehmen.

Die Deutung der acht Trigramme

	1	8	3	4	9	2	7	6
ZAHL (später Himmel)								
NAME	KAN	GEN	ZHEN	SUN	LI	KUN	DUI	QIAN
BILD	Wasser	Berg	Donner	Wind	Feuer	Erde	See	Himmel
ÜBERTRAGENE BEDEUTUNG	das Abgründige	das Stillehalten	das Erregende	das sanft Durchdringende	das Haftende	das Empfangende	das Heitere	das Schöpferische
HIMMELS-RICHTUNG	N	NO	O	SO	S	SW	W	NW
JAHRESZEIT	Tiefer Winter	Winterende	Frühlingsanfang	Später Frühling	Hochsommer	Spätsommer	Später Herbst	Früher Winter
TAGESZEIT	Mitternacht (24 h)	Vordämmerung (3 h)	Früher Morgen (6 h)	Vormittag (9 h)	Mittag (12 h)	Nachmittag (15 h)	Abenddämmerung (18 h)	Abend (21 h)
»FAMILIE«	2. Sohn	3. Sohn	1. Sohn	1. Tochter	2. Tochter	Mutter	3. Tochter	Vater
LEBENS-BEREICH Sonnenseite	Lebensweg, Karriere, Beruf	Spiritualität, inneres Wissen	Tradition, Familie, Eltern, Autoritäten	Segen, Glück, Reichtum	Ruhm, Anerkennung, Erleuchtung	Partner-Ehe, Freunde	Kinder, Kreativität, Vergnügen	Helfende Menschen und Wesen, Unterstützung
Schattenseite	Gefahr, Kontrolle verlieren	Hindernisse, Stagnation	Machtlosigkeit, Auflehnung. Entwurzelung	Armut Pech	Abhängigkeit, fehlende Klarsicht	Einsamkeit	Asketisches Leben, Vergnügungssucht	Hilfsbedürftigkeit
LEBENSPHASE	Hohes Alter, Tod	Ungeborenes Kind	Geburt, Kindheit	Jugend	Höhepunkt der Kraft	Lebensmitte	Rückzug	Alter
EIGEN-SCHAFTEN	unsicher, Emotion, Sinnlichkeit	ruhig, Gleichmut, Sammlung	stimulierend, Wille, Impuls	offenherzig, Intuition, Assimilation	klärend, Unterscheidung, Denken	hingebungsvoll, Raumerfahrung, Ausdehnung	fröhlich, Betrachtung, Beobachtung	stark, Zeiterfahrung, Dauer
ELEMENT	*Wasser*	*(Erde)*	*Holz*	*(Holz)*	*Feuer*	*(Erde)*	*Metall*	*(Metall)*
FARBE	Schwarz, Dunkelblau	Schwarz, Blau, Grün	Blaugrün	Blau, Purpur, Rot	Rot	Rot, Rosa, Weiß	Weiß	Weiß, Grau
	Schwarz, Dunkelblau	Erdtöne	Blaugrün	Blaugrün	Rot	Gelb, Erdtöne	Weiß	Schwarz

ORGANE KÖRPERTEILE	TRAMSFORMATION
Ohren, Blut, Niere, Geschlechtsorg.	Richtungsänderung (Rotation)
Hand, Rücken, Schulter	keine Veränderung (Dauerhaftigkeit)
Leber, Galle, Gelenke, Fuß	Ortsveränderung (Bewegung)
Nerven, Oberschenkel, Gesäß	Formveränderung
Herz, Augen, Dünndarm	Stoffveränderung
Verdauung, Fruchtbarkeit, Bauch	Biologische Veränderung
Mund, Zähne, Hals	Wandlung des Wissens
Kopf, Lunge, Dickdarm	kreative Veränderung

Unsere Sinne sind die Brücken zwischen Innen und Außen.
Auf welcher Seite liegt die Wirklichkeit?

Die Kraft der inneren Bilder

Wer zum ersten Mal mit Fengshui in Berührung kommt, fühlt sich oft in eine Märchenwelt versetzt. In den Büchern über dieses Thema liest man über bedrohende, giftige Pfeile, über den bösen Atem der Natur und es wimmelt von Drachen, wundersamen Vögeln und verschiedenen Fabelwesen. In Bildern denken, sich in einer bildhaften Sprache ausdrücken, ist in der chinesischen Kultur eine Selbstverständlichkeit. Dies äußert sich auch in der Art und Weise, wie die Menschen in China die Landschaft betrachten. Bilder und Assoziationen, die durch gewisse Formen von Bergen und Tälern in uns entstehen, wurden seit jeher als wichtig erachtet und deren Symbolgehalt ernst genommen. So wurde ein Fels über einem Dorf, der einem wachenden Hund ähnelte, als gutes Omen angesehen, und ein Berg in der Nähe einer Siedlung, der die Form einer vollen Reisschale hatte, wies auf einen immer gedeckten Tisch hin. Formen hingegen, die ungute Bilder erzeugten, wurden gemieden. Missionare um die Jahrhundertwende berichteten darüber, wie Pläne einer Eisenbahnlinie verändert werden mussten, um den »Hund«, der sich in der Silhouette einer Bergkette zeigte, nicht zu verletzen.

Assoziationen
Fehlt uns Europäern diese blühende Phantasie? Jeder hat schon einmal den vorbeiziehenden Wolken nachgeschaut und ihre immerzu wandelnde Formen bewundert: Eine Palme, ein Schwan, eine Burg…! Wir können hier unserer Phantasie freien Lauf lassen – denn es ist nur ein

Spiel. Die Idee, dieses Spiel ernst zu nehmen, mag für uns Menschen im Westen für den ersten Moment fremd wirken. Es kann jedoch unterhaltend, anregend und aufschlussreich sein. Wir betrachten die Dinge von einer bildhaften, assoziativen Ebene aus, eine Sichtweise, die unseren Kindern und den Menschen in Asien noch viel vertrauter ist. Gefällt mir Großmutters Kaffeekanne nicht so recht, weil sie mich an einen drohenden Raubvogel erinnert? Die Freundin wohnt in einer Wohnung, deren eigenwilliger Grundriss stark an die Form eines Schmetterlings erinnert. Interessanterweise zeichnet gerade sie sich dadurch aus, dass sie ein luftiges Leben voller Leichtigkeit und Wechselhaftigkeit führt. Hat die Form ihrer Wohnung vielleicht etwas mit ihrer Wesensart zu tun?

Wir nehmen unsere Umwelt nicht nur durch unsere Augen wahr. Alle durch unsere fünf Sinne aufgenommenen Eindrücke können in uns Assoziationen wecken und Erinnerungen, Emotionen und körperliche Empfindungen auslösen – auch wenn wir uns dessen oft nicht bewusst sind.

Sehen Unser Kind will nicht mehr in den Kindergarten gehen, weil das große schwarze Tor es zu verschlingen droht, es will das geschenkte Kleid nicht anziehen, weil die Knöpfe wie zwei aufgerissene Augen aussehen. Wir appellieren an seine Vernunft und versuchen es zu überzeugen, dass das Tor aus Holz sei und gar nichts mit einem Mund oder Rachen zu tun habe und die Knöpfe weder bösartig noch gut seien, sondern einfach da, um das hübsche Kleid zu verzieren. Unser Kind behält trotzdem seine Abneigung gegen das Kindergartengebäude und gegen das neue Kleid. Das Tor, als alles verschlingender Rachen eines Tieres, die Knöpfe als strenge, böse Augen, entspringen nur der Phantasie des Kindes, die Gefühle hingegen, die durch diese Phantasiebilder aufkommen, sind seine persönliche Wirklichkeit.

Riechen Viele Menschen reagieren ganz intensiv auf Gerüche. Suchen wir eine neue Wohnung oder besuchen wir einen Freund zum ersten Mal, kann unser erster Eindruck vom Geruch, der uns in der neuen Umgebung empfängt, beeinflusst werden. Der durchdringende Duft der Tomatensauce im Treppenhaus weckt Erinnerungen an Mutters Küche aus der Kindheit. Denken wir gerne an diese Zeit zurück, empfinden wir Wärme und Geborgenheit. Möchten wir dagegen unsere unglückliche Kindheit am liebsten vergessen, dann werden wir uns über das stinkende Treppenhaus ärgern, vielleicht ohne uns über den eigentlichen Anlass unseres Ärgers im Klaren zu sein.

Schmecken Bei den meisten Menschen ist auch die Geschmacksempfindung eine Brücke zu starken Gefühlen und Erinnerungen. Wir lieben es, in ein chinesisches, indisches oder italienisches Restaurant zu gehen, wo uns die Speisen für kurze Zeit die Illusion vermitteln, in einer anderen Welt zu sein und in uns die Sehnsucht nach fernen Ländern wecken.

Hören   Auch Geräusche verbinden wir oft mit Erlebnissen oder Erfahrungen. Einen glühend heißen Sommertag ertragen wir leichter, wenn das Geräusch von plätscherndem Wasser die Illusion eines kühlendes Bergbaches vermittelt. In Japan werden in den heißen Monaten vor den Fenstern kleine Metallglocken aufgehängt. Der helle Klang dieser Glocken erinnert an Eis und Kälte und sorgt für »Kühlung«

In der chinesischen Kultur werden Worte, die zwar etwas ganz anderes bedeuten, aber gesprochen ähnlich klingen, gedanklich miteinander verknüpft. So klingt das Wort »vier« ähnlich wie das Wort »Tod«. Dies ist die einfache Erklärung, warum die Zahl vier als absolute Unglückszahl angesehen wird. In unserer Sprache tönt »vier« eher wie »Tier« oder »hier« – ist also absolut harmlos.

Der sprachlichen Verwandschaft von Pflanzennamen zu anderen Wörtern, den sogenannten Lautsymbolen, kommt in China eine besondere Bedeutung zu. Das Wort Bambus (zhu) ist gleichlautend wie das Wort für »gute Wünsche«, Pflaume (mei) ist gleichlautend mit »Schönheit«, die Kiefer (song) mit »Entspannung«, der Hibiskus (furong) symbolisiert Ruhm (rong) und Reichtum (fu).

Bei einigen Fengshui-Hilfsmitteln spielen Klangassoziationen ebenfalls eine große Rolle. Das Wort »Flöte« klingt im Chinesisch ähnlich wie »verbrennen«. Eine klassische Fengshui-Empfehlung ist die Anweisung, eine Flöte auf einem störenden Balken zu befestigen, um das Sha »zu verbrennen«. Der Fisch (yu) klingt wie Reichtum und Überfluss. Aquarien und Goldfischteiche sind beliebte Zierobjekte im chinesischen Kulturraum, die roten und schwarzen Zierfische sollen nicht nur einen entzückenden Anblick bieten, sondern auch Reichtum und Glück anziehen.

Namen

Namen haben starke assoziative Wirkung. Herr Klein, der sehr groß gewachsen ist, kann ein Lied davon singen. Die Kraft der Namensgebung kannten schon unsere Vorfahren. Neugeborene wurden nach einem geliebten oder geschätzen Familienmitglied genannt, um sie in die Familie und ihre Tradition einzubinden. St. Petersburg wurde nach seinem Begründer benannt, Rom und Paris nach Figuren aus der Mythologie. Häufig soll der

Name die besondere Qualität eines Ortes oder einen Wunsch ausdrücken. Buones Aires bedeutet »gute Luft«, Seefahrer nannten den gefährlichen Übergang vom Atlantik zum Indischen Ozean »Kap der guten Hoffnung« und eine kleine, unscheinbare Blume heißt »Vergissmeinnicht«.

Der Name eines Flurweges in einem Schweizer Dorf klingt fast wie eine Beschwörung: *Gibisnüt*. Er erinnert uns an die Worte »Gib eus nüt«, auf Deutsch übersetzt »gib uns nichts«. Wie ist es wohl vor vielen Jahren zu dieser Namensgebung gekommen?

Die Wirkung von inneren Bildern

Drei Freunde richten zusammen ein Ferienhaus im Süden ein. Einer von ihnen beschäftigt sich seit einiger Zeit mit dem Fengshui. Nachdem er ein Buch über die chinesischen *fünf Elemente* gelesen hat, stellt er fest, dass im Garten das Element *Feuer* zu wenig vertreten ist. Voller Eifer pflanzt er rote Gladiolen neben dem Sitzplatz vor der Küche. Er sucht diese Blumen aus, weil ihre rote Farbe und ihre aufrecht stehende, spitze Form viel von der *Feuer*-Energie beinhaltet. Er freut sich schon im Voraus auf die Reaktion seiner Freunde auf diese Fengshui-Maßnahme. Umso größer ist seine Enttäuschung, als sie keine Begeisterung zeigen und seine Blumen höflich ignorieren. Er fragt sich natürlich, was er wohl falsch gemacht hat. In einem Gespräch stellt sich heraus, dass Gladiolen seinen italienischen Freund an Bestattungen erinnern, da in seinem Heimatdorf vor allem die Friedhöfe mit diesen Blumen geschmückt wurden. Sein anderer Freund, der in einem ehemals kommunistischen Land aufwuchs, ist ebenfalls unangenehm berührt und denkt an die roten Gladiolen, die unter die grandiosen Denkmale gepflanzt wurden. Auch der Name dieser Blume, aus dem lateinischen Wort Gladiolus (= Siegeswurz) stammend, unterstützt die gedankliche Verbindung mit Heldendenkmalen und Siegerverehrung.

Die Wahl eines Namens hat in China ebenfalls eine große Bedeutung. Ein Kind erhält seinen Namen nicht wie im Westen schon während der Schwangerschaft, sondern erst nach der Geburt. Berücksichtigt werden dabei neben den Wünschen der Eltern und der Tradition der Familie auch Ort und Zeit der Geburt und das Aussehen des Kindes. Der wichtige Akt der Namensgebung beschränkt sich nicht auf Menschen, Städte und Dörfer, auch jeder Garten wird heute noch mit einem Namen versehen. Chinesische Lehrer halten ihre Schüler dazu an, beschreibende Namen für eine Landschaft und für besondere Aussichtspunkte in einem Garten zu finden, um ihre Assoziationen und Gefühle in treffende Worte zu kleiden.

Die Nachbarsfamilie nennt ihren Geschirrspüler Mary, der Computer des Arbeitskollegen heißt Krampfi. Namen verleihen Gegenständen und Orten eine Identität. Für einen Garten, ein Haus oder ein Zimmer einen treffenden Namen zu suchen, kann unterhaltend, aber auch hilfreich sein, wenn wir die Qualität eines Ortes erfassen wollen. Sich auf ein oder wenige Worte zu beschränken, hilft uns unsere Gedanken präzise zu formulieren und auf den Punkt zu bringen.

Eröffnet man ein neues Geschäft, lohnt es sich, sich etwas Zeit zu nehmen und über den künftigen Namen nachzudenken. Welche »Klangfarbe« soll er haben, welche Assoziationen soll er in den Kunden und den Geschäftspartnern wecken? Für eine Geburtsklinik ist »Storchennest« ein passender Name. Welchen Ruf würde er aber einer Tanzschule oder einem Ingenieurbüro einbringen?

Symbole
Sind gedankliche Verknüpfungen nicht nur flüchtig, bekommen sie eine größere Bedeutung und können emotional so stark besetzt sein, dass sie zum Symbol werden. Eine rote Rose kann eine in flammende Worte gefasste Liebeserklärung ersetzen, das Bild einer gehobenen, geballten Faust an der Hausfassade lässt keinen zweifel an der extremen Gesinnung ihrer Urheber. Die Symbolsprache ist zwar bildhafter und nicht so präzise wie die Sprache selbst, sagt jedoch unter Umständen mehr aus als Worte.

Das Wort »Symbol« stammt aus dem altgriechischen Ausdruck »Symballein«, was »zusammenfügen«, »zusammenwerfen« bedeutet. Ursprünglich wurde mit diesem Wort ein Gegenstand bezeichnet, bestehend aus Bruchstücken, die genau zueinander passten und zusammengefügt wieder ein Ganzes ergaben. Die einzelnen Teile brachte man sich zum Wiedersehen nach vielen Jahren oder übergab sie einem Boten, als sicheres Erkennungszeichen, das die Verbundenheit seiner Besitzer versinnbildlichte. Das Wort steht auch für ein großes Picknick, dessen Speisen von den Teilnehmern zusammentragen werden und bei dem sich alle von der gemeinsamen Tafel bedienen können.

Im übertragenen Sinn bedeutet Symbol nicht die realen Teile des gleichen Gegenstandes, sondern zwei Teile, die miteinander inhaltlich verbunden sind. Ein Teil ist aus der Welt der Materie, dies kann ein Gegenstand, eine Pflanze, eine bestimmte Form sein. Das dazugehörige Gegenstück stammt aus dem Reich der Ideen und Gedanken, die einer Religion, Philosophie oder der Welt der eigenen Emotionen entnommen sein können. Betrachten wir die Form eines Kreuzes: eine horizontale und eine vertikale Linie schneiden sich. Man könnte einiges über die Wirkung oder Ästhetik dieser Form sagen. In unserer Kultur wird sie aber so stark mit dem christlichen Glauben, mit der Religion und der Kirche verbunden, dass es nahezu unmöglich ist, die Form losgelöst von ihrem Symbolgehalt zu betrachten.

Die symbolische Ausdruckskraft eines Gegenstandes hängt nicht von seiner künstlerischen Qualität oder Perfektion ab, sondern viel mehr von der inneren Bereitschaft des Betrachters, in diesem Gegenstand eine bestimmte Bedeutung zu sehen. So kann ein einfaches Holzkreuz aus Ästen dieselbe symbolische Ausdruckskraft besitzen, wie ein Kreuz, das bis zur vollkommenen Schönheit in einem Wandteppich ausgearbeitet wurde.

Jede Kultur, jede Familie und jeder Berufszweig hat eine eigene Symbolsprache. Heute sind in der Wirtschaft und der Wissenschaft viele neue Symbole entstanden, die jedoch treffender mit »Zeichen«, »Signet« oder »Signal« bezeichnet werden. Bei diesen geht es darum, Gegenständen, vor allem den Konsumgütern, ein möglichst prägnantes Zeichen zu geben, das die Aufmerksamkeit auf sich zieht und im Gedächtnis des Konsumenten bleibt.

Persönliche Symbole
Gegenstände, die uns sehr viel bedeuten, weil wir sie mit wichtigen Erlebnissen unseres Lebens verbinden, können für uns persönlich zum Symbol werden. Sie lassen sich im Fengshui sehr gut als individuelle, maßgeschneiderte Maßnahme einsetzen.

Das Maiglöckchen ist für die meisten Menschen ein reizvoller, wohlriechender Frühlingsbote, für Tina bedeutet diese Blume weit mehr. Als junges Mädchen hatte sie sehr wenig Selbstvertrauen, fand sich hässlich und glaubte, dass niemand sie attraktiv fände, besonders der junge Mann nicht, für den sie schwärmte. Umso größer war ihre Überraschung, als derselbe junge Mann verlegen mit einem Strauß Maiglöckchen vor ihrer Tür stand und einen Liebesbrief überreichte – den ersten in ihrem Leben. Seitdem sind viele Jahre vergangen, aber die Maiglöckchen erinnern sie immer noch an das Gefühl, geschätzt und geliebt zu werden. Wenn sie in ihrem Leben Liebe und Zuwendung vermisst, ihr Selbstwertgefühl Unterstützung braucht, kann sie mit diesen, zum persönlichen Symbol gewordenen Blumen den Bereich ihrer Wohnung, ihres Gartens oder ihres Herzens beleben, der für das »Du« und nahe Beziehungen im Leben steht.

Symbole in verschiedenen Kulturen
Die gleichen Figuren und Gegenstände tauchen in verschiedenen Ländern und Volksgruppen als Symbole auf, ihre Deutung aber kann kulturell bedingt sehr unterschiedlich sein.

Da uns heute im Westen viele Symbolgegenstände fremder Kulturen faszinieren, ist die Versuchung groß, sie ungefragt und ohne deren Bedeutung richtig verstanden zu haben zu übernehmen. Voller Eifer stellen wir einen Gummibaum in unser Wohnzimmer, da wir erfahren haben, dass dieser in der chinesischen Kultur als Glücksbringer gilt. Je nachdem, im welchen Land wir uns befinden, lösen unsere neuen Pflanzen bei den Familienmitgliedern oder unseren Gästen unterschiedliche Reaktionen aus. In der Schweiz sind diese Pflanzen aus der Mode gekommen und wir werden für unsere Neuanschaffung kaum Lob ernten. In Griechenland könnten sie sogar abergläubische Besucher abschrecken, weil dort Gummibäume als Unglücksboten angesehen werden.

In Europa finden wir Gefallen an den hübschen Kamelien, in Japan bedeutet es grobe Unhöflichkeit, jemandem eine Kamelie zu schenken. Der Grund hierfür ist in der Samurai-Tradition des Landes zu finden. Die Blüten dieser Pflanze verblühen nicht am Stiel, sondern fallen unverwelkt ab, wie der Kopf eines gesunden Menschen, der durch einen Schwerthieb geköpft wird.

Drachen, Gänse und andere Tiere

Tiere als Träger symbolischer Inhalte finden wir in allen Kulturen. Die Eule wird bei den Maoris von Neuseeland als heiliger Vogel betrachtet, dessen Name nie genannt werden darf, in China dagegen gilt sie vor allem als Unglücksbote, dessen Erscheinen Unheil ankündet. Der indische Glücksgott Ganescha trägt den Kopf eines Elefanten, der Erlöser wird im Christentum »Lamm Gottes« genannt.

Auch menschliche Eigenschaften werden auf Tiere projiziert. Jemand ist schlau wie ein Fuchs, stark wie eine Löwe oder dumm wie eine Gans. Bei der Zuordnung menschlicher Eigenschaften zu den verschiedenen Tiere zeigen sich die kulturellen Unterschiede. In der chinesischen Kultur stellt die Gans nicht die Dummheit, sondern das eheliche Glück dar. Der Affe wird in Asien als heiliges und geistreiches Tier geschätzt, in Europa dagegen fühlen wir uns nicht geschmeichelt, wenn wir »Affe« genannt werden.

Das Fabeltier der fernöstlichen Symbolwelt, den Drachen, finden wir auch in unseren Märchen wieder. In China wird der Drache mit Weisheit und Glück in Zusammenhang gebracht, unser sieben- oder zwölfköpfiger Drache ist dagegen böse, spuckt Feuer und muss vom Held besiegt werden. Doch dieser gefürchtete Drache verhilft unserem Helden schließlich doch zu Glück und Weisheit, denn wenn es ihm gelungen ist, den Drachen zu besiegen, ist er auf eine höhere Stufe seiner Entwicklung angelangt, etwas weiser geworden und seinem Ziel näher gekommen.

Kulturübergreifende Symbole

Symbole sind tief in den emotionalen Erfahrungen eines Menschen oder eines Volkes verwurzelt. Ihre Wirkung müssen wir ernst nehmen. Gutgemeinte Fengshui-Maßnahmen können böse Überaschungen bringen, wenn wir ihren kulturellen Hintergrund und die inneren Bilder, die sie erzeugen, ausser Acht lassen. Gibt es aber auch kulturübergreifende, für die ganze Menschheit gültige Symbole? Gibt es »Urerfahrungen«, die in tiefsten Zonen unserer Psyche verankert sind, und alle Menschen miteinander verbinden?

Der Baum

Bäume als lebendige Manifestationen der Kraft der Natur faszinierten den Menschen zu allen Zeiten und in allen Kulturen. In der Erde fest verwurzelt, mit den Ästen die kosmischen Kräfte empfangend, wird der Baum zum Sinnbild für die Verbindung zwischen Himmel und Erde.

Der Baum der Bäume

In allen Kulturen erhielt der Baum einen starken Symbolgehalt, er bildet die »*axis mundi*«, die Achse des Universums, die die drei kosmischen Bereiche *Himmel*, *Erde* und *Unterwelt* verbindet.

Aber welcher Baum ist nun das Symbol schlechthin? Ist es die kraftvolle und eigenwillige Eiche, die von den Kelten und Römern verehrt wurde? Oder die Tanne, die ihre dunkelgrünen Nadeln auch im Winter nicht verliert und jedes Jahr um Weihnachten, geschmückt und mit Kerzen bestückt, unsere Stube ziert? Oder der Feigenbaum, der süße Früchte spendet und aus der orientalischen Märchenwelt nicht wegzudenken ist? Oder der langsam wachsende, immergrüne Buchsbaum, der für die Chinesen langes Leben symbolisiert? Lange Zeit wurden in Europa die Eiche sowie die Eibe als der Inbegriff des Baumes angesehen. Vielleicht deshalb, weil ihre Widerstandskraft und das harte Holz Überlebenswille und Kampfgeist und damit das Lebensgefühl der Menschen in dieser Zeit ausdrückte. Rutengänger haben festgestellt, dass die Eiche am besten über Kreuzungen von Wasseradern gedeiht, gerade an Orten, die nicht nur der Gesundheit des Menschen abträglich sind, sondern auch den Blitz anziehen. Die Eiche wurde nie als ein lieblicher Baum angesehen. Ein Vers aus einem alten Gedicht rät uns sogar ab, uns unter einer Eiche niederzulassen:
»*Der Eiche sollst Du weichen, unter der Linde wirst dich finden*«
Der leichte Schatten einer Linde hingegen galt schon immer als angenehmer Treffpunkt für Menschen. Die Linde wächst nicht über Wasseradern, ihre Blätter sind heller und lieblicher als die der Eiche, ihre symmetrische, wohlgeformte Krone vermittelt einen harmonischen Eindruck, der süße Duft der Blüten stimmt uns milde. Diese Eigenschaften zeigen, warum gerade die Linde als Symbol für Freundschaft und Gemeinschaft angesehen wird. In der Schweiz steht in vielen Dörfern oder Städtchen auf dem Hauptplatz oder am Bahnhof eine Linde, die »Dorflinde«, und diese Orte sind auch heute noch beliebte Treffpunkte für Alt und Jung. Es gibt noch viele Bäume auf dieser Erde. Jeder von ihnen hat seine eigene Persönlichkeit. Je nach Eigenschaft, die ein Baum verkörpert, kann er zum Symbolträger werden, dies für eine ganze Kultur oder für uns persönlich.

Seine Gestalt erinnert an den aufrecht stehenden Menschen. Er stellt den irdischen Lebensraum dar, in seiner Krone leben Vögel, Insekten, Kleintiere und sein Wurzelbereich bietet Raum für vielerlei Pilze und Käfer. Er bedeutet Schutz für Mensch und Tier, spendet wohltuenden Schatten, seine Früchte dienen als Nahrung. Sein Holz nährt das Feuer, wird als Baumaterial verwendet und wurde in früheren Zeiten zur Herstellung von Waffen gebraucht.

Ruhe	»Im Baum ruht das Qi«, sagen die Chinesen. Er strahlt Ruhe und Be-
Beständigkeit	ständigkeit aus und wird in Religionen und Mythen mit dem menschli-
Schutz	chen Schicksal verknüpft. Im Garten Eden spielt ein Apfelbaum als
Lebenskraft	»Baum der Erkenntnis« eine schicksalsträchtige Rolle, griechische Göt-
	ter verwandelten sich selbst oder manche Menschen zum Schutz oder als Strafe in Bäume. Auch in Märchen wird die Lebenskraft eines Baumes eng mit dem Schicksal verbunden. Solange der Baum gedeiht, wissen die Eltern, dass es ihrem Sohn in der Ferne gut geht, welkende oder sich rot verfärbende Blätter zeigen hingegen, dass er in Gefahr schwebt.
Verbundenheit	Die Idee, das Leben eines Menschen mit der Lebenskraft eines Baumes zu verknüpfen, finden wir im schönen, alten Brauch wieder, bei der Geburt eines Kindes oder der Hochzeit eines Paares einen Baum zu pflanzen. Viele Menschen haben einen Baum, der für sie besonders viel bedeutet und den sie als einen nahen Freund oder schützenden Verbündeten betrachten: die alte Eiche, die sie immer wieder aufsuchen, um Trost und Ruhe zu finden, der kleine Apfelbaum vor dem Haus, dessen Anblick sie jeden Abend beim Heimkommen erfreut oder der große Kirschbaum im Garten der Kindheit, der sich wunderbar zum Schaukeln eignete.
Erkenntnis	Die meisten Kinder klettern leidenschaftlich gerne auf Bäume. Es ist tatsächlich faszinierend, aus der geborgenen Sicherheit der Äste auf die Erde hinunterzuschauen und die Welt aus einer anderen Perspektive zu betrachten. Die Baumbesteigung galt in früheren Zeiten als eine symbolische Handlung und war ein Bestandteil der Einweihungszeremonie der Schamanen. Auch zahlreiche Legenden aus dem Mittelalter berichten, wie Zauberer auf Bäume steigen mussten, um Weisheit und Klarsicht zu erlangen.
Kontinuität	Bäume können über tausend Jahre alt werden und verbinden als Zeugen vergangener Zeiten verschiedene Menschengenerationen miteinander. Es ist faszinierend sich vorzustellen, dass unser kleiner Sohn im Schatten des Baumes spielen kann, in dessen Rinde unser Urgroßvater als junger Bursche seinen Namen eingeritzt hatte. Vielleicht deshalb stellt man die Generationenabfolge einer Familie oder Dynastie mit der Hilfe eines Stammbaums dar.

Mächtige Bäume brauchen viel Platz, um sich zu entfalten. Eine große Eiche in einem kleinen Garten schirmt die Sonne ab und das kleine Haus unmittelbar neben ihr scheint von ihrer Kraft erdrückt

zu werden. Steht sie hingegen im gebührenden Abstand zum Haus, etwa in einem benachbarten Park oder auf dem gegenüberliegenden Platz, können wir ihre Kraft und Stärke auf uns wirken lassen. Dies tut uns besonders gut, wenn wir in unserem Leben das Gefühl verwurzelt zu sein vermissen.

Vielleicht fehlt unserer Wohnumgebung Stabilität und Erdverbundenheit, weil wir an einem steilen Berghang oder im obersten Stock eines Hochhauses wohnen. Es kann auch sein, dass sich unser Schlafzimmer über einer Durchfahrt befindet. Wir haben ständig das Gefühl, über der Leere zu schweben. Nach Fengshui kann ein starker Baum vor dem Fenster mit kräftigen Wurzeln oder ein Bild eines Baumes als Symbol für Sicherheit und Stabilität einen hilfreichen Ausgleich schaffen und die Verbindung zur tragenden Erde wiederherstellen.

Das Wasser
Auch das Wasser, als Ursprung und Voraussetzung für jegliches Leben auf der Erde, erhält in allen Kulturen starke symbolische Bedeutung. Das Qi ruht in den Bäumen, wird durch den Wind verteilt und durch das Wasser bewahrt, gesammelt und geleitet.

Das Wasser hat tausend Gesichter und kann zahlreiche Formen annehmen. Das aus der Quelle sprudelnde kühle Wasser, der tosende Wasserfall, das unendliche Meer, der lang ersehnte Regen, der sich über die durstigen Felder ergießt, die Tränen der Traurigkeit oder Freude in unseren Augen, der Dunst über dem See, Eis und Schnee.

Lebenskraft
Reinheit

Den lebensspendenden Aspekt des Wassers finden wir überall auf der Welt in Mythen und Religionen. In der christlichen Kirche werden die Menschen mit Wasser getauft, in Indien nehmen täglich Tausende von Menschen symbolische Waschungen im heiligen Fluss vor. In den Märchen nimmt der jüngste Sohn große Gefahren auf sich, um das »Wasser des Lebens« zu erhalten, mit dem er den verstorbenen König oder die Prinzessin wieder zum Leben erwecken kann.

Reichtum
Segen

Im Fengshui wurde das Wasser zum Inbegriff der sprudelnden Lebenskraft Qi. Lehren entstanden, die sich nur damit beschäftigen, den Einfluss der Wasserläufe auf die sie umgebenden Standorte zu studieren. Wasser wurde auch mit Wohlstand und Reichtum in Zusammenhang gebracht. Blühende Städte entstanden meist am Ufer eines Flusses oder an einer sicheren Meeresbucht. Eine gute Lage am Wasser schien in allen Kulturen eine der wichtigsten Voraussetzungen für das wirtschaftliche Überleben einer Stadt zu sein. Der Fluss versorgte die Bewohner mit Trinkwasser und ermöglichte als sicherer und schneller Transportweg Verbindungen mit anderen Ländern und Städten. Für die Landwirtschaft war das Wasser ebenso lebenswichtig. Ägypten verdankte seine Fruchtbarkeit dem Nil, der jährlich einmal über die Ufer trat und das umliegende Land bewässerte.

Abgrund *Gefahr* Das Wasser birgt aber auch Gefahren in sich. Unter der friedlichen Oberfläche eines Sees erahnen wir nur den gefährlichen Abgrund, ein heimtückischer Wirbel in einem Fluss kann den Schwimmenden unverhofft in die Tiefe reißen. Dieser Aspekt des Wassers spricht die tiefere, dunklere Seite unserer Seele an, eine Seite, die sich oft unserem Bewusstsein entzieht. Gerade wegen seiner Unberechenbarkeit gehen Fengshui-Experten sehr vorsichtig mit dem Wasser um. Der Fluss oder der Bach soll immer vor dem Haus fließen, auch Teiche, Wasserbehälter und Brunnen gehören

Der Brunnen am Schulweg

Vor einigen Jahren verunglückte in einem Dorf ein kleines Mädchen auf dem Weg zur Schule tödlich. Die Eltern konnten die Trauer über den Verlust ihrer einzigen Tochter nur schwer überwinden. Sie ließen am Unfallort einen Brunnen errichten, als Symbol für die einst sprudelnde Quelles des Lebens. Der Brunnen soll sie aber auch daran erinnern, dass das Leben trotz ihrer Trauer weitergeht, und nur wenige Nachbarn kennen die traurige Geschichte, die zu seiner Errichtung geführt hat.

Am Brunnen, nicht weit vom Schulhaus, geht es heute immer lebhaft her und zu. Aus einem ausgehöhlten, unbehauenen Steinblock plätschert fröhlich frisches Wasser, wie aus einer Quelle. Vögel nehmen hier ihr morgendliches Bad, durstige Radfahrer halten an, um ihre Flaschen mit frischem Wasser aufzufüllen. Schüler und Schülerinnen verabreden sich hier, um den restlichen Weg zur Schule gemeinsam zu gehen. Der Brunnen ist heute ein beliebter Treffpunkt für junge Leute und zum kleinen Wahrzeichen des Viertels geworden.

nicht hinter das Haus, wo das Wasser sich unserer Kontrolle entzieht. Auch die deutsche Sprache kennt viele Redewendungen, in denen das Wasser als Bild verwendet wird. Jemand kann uns das Wasser nicht reichen, lebt von Wasser und Brot oder das Wasser steht ihm bis zum Hals. Wir sind mit allen Wassern gewaschen, springen ins kalte Wasser und finden für alle Krankheiten ein Wässerchen.

Ohne seine widerspenstige Seite ganz zu vergessen, wird das Wasser als belebendes, und glückbringendes Element in Häusern vielfach verwendet. Zimmerbrunnen und Wasserfallposter werden mit wachsender Popularität des Fengshui zum Verkaufsschlager. Vielleicht entsprechen diese nicht unserem Geschmack und passen nicht zum Stil unserer Wohnung, bestimmt werden wir aber etwas Anderes finden, das uns gefällt. Wir müssen uns darüber klar werden, ob wir die vitale, reinigende Kraft eines Wasserfalls oder die kühlende, beruhigende Wirkung eines stillen Bergsees suchen. Mit einem entsprechenden Bild, aber auch mit einer mit Wasser gefüllten Glasschale, in der frische Blüten schwimmen, können wir den gewünschten Aspekt einfangen.

Symbole in Gärten

Im chinesischen Garten
Mit Symbolen zu leben und sich in einer Symbolsprache auszudrücken, ist im chinesischen Kulturraum bis heute lebendige Tradition, die auch bei der Gartengestaltung zum Tragen kommt. Der Garten ist nicht nur der Ort zur Erfrischung des Herzens, er soll auch den Intellekt anregen. Den Gestaltern der chinesischen Gärten geht es hauptsächlich um die Darstellung der daoistischen Weltanschauung. Alles wandelt sich, alles ist vergänglich. Dies wird dem Betrachter in verschiedenen Symbolen verschlüsselt übermittelt. Ein Garten soll sein Gefühl für die Jahreszeiten verstärken und ihm den Wandel und die Wiederkehr aller Lebensvorgänge deutlich machen. Dafür werden bestimmte Blumen verwendet, welche die vier Jahreszeiten darstellen.

Die Iris und die Magnolie verkörpern den Frühling, die Päonien und der Lotos den Sommer, die Chrysantheme den Herbst, die Pflaume und der Bambus den Winter. Im chinesischen Garten wird der Lauf der Zeit als Bewegung im Raum dargestellt. Mit dem Blühen der Pflanzen erwacht zu jeder Jahreszeit ein anderer Teil des Gartens und erhält dadurch eine besondere Bedeutung. Allerdings spielen Sträucher und blühende Pflanzen im chinesischen Garten im Vergleich zu seinen beiden Hauptelementen, Stein und Wasser, nur eine untergeordnete Rolle. Die Pflanzen werden hauptsächlich nach ihrer überlieferten symbolischen und literarischen Bedeutung und nicht an ihren dekorativen Qualitäten gemessen und ausgewählt.

Pflanzensymbolik im chinesischen Garten

Wenn man sich mit der chinesischen Symbolik beschäftigt, bemerkt man schnell, dass Pflanzen und Tiere häufig dazu verwendet werden, um die drei größten Wünsche der Chinesen darzustellen: Den Wunsch nach Kindern, nach langem Leben und nach Reichtum. Vor allem Bäume und Blumen sind Quellen der Gefühle und Hoffnungen der Menschen. So schrieb der Kaiser Qianlong (2. Hälfte 18. Jh.): »Wenn ich mich an Orchideen erfreue, liebe ich die Aufrichtigkeit. Beim Anblick von Kiefern und Bambus denke ich an die Tugend. Stehe ich am Rand eines klaren Baches, dann schätze ich die Ehrlichkeit. Wenn ich Unkraut sehe, verachte ich die Unehrlichkeit. Dies ist es, was das Sprichwort ›die Alten bekommen ihre Ideen von Gegenständen‹ besagt.«

Die Deutungen werden aus einer Vielzahl von Assoziationen abgeleitet. Nebst den Klangassoziationen geht die Symbolik auch aus den Eigenschaften der Pflanzen hervor: Bambus (zhu) gilt als Symbol für den konfuzianischen Gelehrten oder den ehrlichen Menschen, weil er extrem biegsam ist, aber auch bei starkem Wind nicht bricht. Demzufolge symbolisiert er Belastbarkeit und Anpassungsfähigkeit zugleich. Die Kiefer (song) steht für ein langes Leben, da Kiefern sehr alt werden können. Sie ist somit auch Sinnbild der Beständigkeit. Der Bananenbaum wird besonders wegen des Klangs der Regentropfen auf den großen Blättern geschätzt. Die Lotosblume ist ein Sinnbild für Erleuchtung, weil diese Pflanze besonders in sumpfigen Gewässern wächst, die Blüte sich aber in purem Weiß über die Wasseroberfläche erhebt. Sie wird auch als Symbol der Reinheit und der schöpferischen Kraft gepriesen. Für Anhänger des Konfuzianismus gilt sie als Vorbild des »höheren Menschen«. Die Orchidee verkörpert den wahren Edelmann. Der Duft der Orchidee verbreitet sich nämlich so zart im Raum, dass er einem erst beim Verlassen des Raumes auffällt. Der Pfirsich verspricht Fruchtbarkeit und Unsterblichkeit, Pfirsichblüten stehen für Schutz gegen Übel, die Pfingstrose hingegen bedeutet Reichtum und Eleganz

Manchmal treten die Pflanzen in symbolischen Kombinationen auf. Am berühmtesten sind die »drei Freunde des Winters« – Kiefer, Pflaumenblüte und Bambus. Sie stehen für die Tugenden der Gelehrten, weil sie auch im Winter ihre Form bewahren.

Im westlichen Garten

Ein westlicher Garten ist ohne blühende Pflanzen ebenso undenkbar wie ein chinesischer Garten ohne Steine und Wasser. Wir wollen unsere Gärten am liebsten immer und überall in voller Blüte sehen. Den Wandel der Jahreszeiten erkennen wir nicht daran, dass in der einen Ecke des Gartens die Pflanzen verblüht sind und nun ein anderer Teil in Blütenpracht gehüllt ist, sondern daran, welche der verschiedenen Pflanzenarten am gleichen Standort gerade blühen. Es ist denn auch die große Kunst eines Gärtners, einjährige Blumen, mehrjährige Blütenstauden sowie kleine und große Gehölze so miteinander zu kombinieren, dass die eine Blütenpracht die andere ablöst und die Pflanzung durch sorgfältige Pflege immer attraktiv aussieht.

Die Königin der Blumen

Die Rose, eine der ältesten Kulturpflanzen der Welt, wurde bereits in den ersten Hochkulturen, in Mesopotamien und Ägypten gezüchtet, in der Antike wegen ihrer Schönheit bewundert und als Attribut der Göttinnen Isis, Aphrodite und Venus verehrt. Neben Schönheit und Liebe assoziierte man sie mit Sieg und Luxus. Die frühen Christen verachteten die Rose als heidnische Blume, im Mittelalter hingegen feierte sie als heilige Blume und als Symbol der selbstlosen Liebe ihren Einzug in die christliche Symbolwelt. Die Rosettenfenster der gotischen Kathedralen stellen die Rose als machtvolles Symbol für Seele, Ewigkeit und Universum dar. Später wurde die Rose mit der Alchimie und Mystik in Verbindung gebracht und tauchte als Wahrzeichen der geheimnisumwitterten Bruderschaft der Rosenkreuzer auf. Auch in Märchen finden wir die edle Blume wieder, sie schirmt das schlafende Dornröschen von der Welt ab. Nur der richtige Prinz zur richtigen Zeit kann die Dornenhecke durchdringen, um als Belohnung nicht nur eine wunderschöne Rose, sondern auch die Liebe der Prinzessin samt dem ganzen Königreich zu bekommen. Kaum einer anderer Blume wurde je solch große Symbolkraft zugeschrieben. Die Rose spielte im Abendland eine ähnlich bedeutende Rolle wie der Lotos in Asien. Welche Eigenschaften machten wohl gerade die Rose zur Symbolträgerin? Der betörende Duft, die stechenden Dornen, die an Kampf, Verletzung und Leiden erinnern, oder...

Eine einfachere Art Garten und Balkon fortwährend in Blüte zu sehen ist, die Pflanzen immer wieder auszuwechseln. Im Spätfrühling etwa sind wir damit beschäftigt, die Zwiebeln der Tulpen und Narzissen auszugraben und die noch blühenden Stiefmütterchen samt Wurzeln aus der Erde zu zerren, um den prachtvollen Sommerblumen Platz zu schaffen. Kaum sind diese verblüht, ersetzen wir sie durch die herbstlichen Astern und Chrysanthemen. Bei der Auswahl der Pflanzen lassen wir uns in erster Linie von ihrer äußeren Erscheinung leiten. Ihre Form, die Farbe der Blüten gefallen uns, wir lieben ihren Duft. Vielleicht berühren uns aber die Assoziationen, die sie in uns wecken.

Oleander und Palmen sind Zierpflanzen, die im nördlichen Europa in Töpfen gezogen und im Keller oder Zimmer überwintern. Trotz der recht aufwendigen Pflege erfreuen sie sich großer Beliebtheit. Diese verdanken sie nicht einem tiefsinnigen Symbolgehalt, sondern den Assoziationen, die sie in uns Nordländern auslösen. Sie erinnern uns an Süden, Wärme, Ferne und Ferien. Es gibt hingegen Pflanzen, die auch in unserem Kulturraum einen eindeutigen Symbolwert besitzen. Die Rose könnte als die Symbol-Pflanze schlechthin bezeichnet werden.

Im Fengshui schlägt sich die Eigenart der Kultur nieder, in der es entstanden ist. Gelingt es uns aber in seiner Anwendung das kulturübergreifende Urwissen von den kulturbedingten Symbolen zu unterscheiden, wird diese östliche Lehre auch für uns Menschen im Westen sehr wertvoll.

Die Bausteine des Fengshui

 Alles Sein entsteht aus der Bewegung von Yin und Yang.

 Wo Qi fließt, entfaltet sich das Leben

 Fünf Grundenergien formen alle Erscheinungen dieser Welt.

 Jede Ganzheit besteht aus acht vollen Bereichen um eine leere Mitte.

 Vier Seiten geben Halt

 Unsere Sinne sind Brücken zwischen Innen und Außen. Auf welcher Seite steht die Wirklichkeit?

Die Schildkröte sieht sich um

Von der langen Wanderung war die Schildkröte müde geworden. Ihre Schritte wurden immer langsamer. Sie kam an einen schönen Ort mit vielen Gärten. Sie beschloss, dort einen langen Halt zu machen.

Neugierig schaute sie sich um. In dem einen Garten war alles anders als zu Hause. Sie wunderte sich. In dem anderen war alles genauso wie zu Hause und sie wunderte sich noch mehr.

Gärten im Spiegel des Fengshui

Chinesische Gärten

Wenn ein Heim nicht einen Garten und einen alten Baum hat, dann sehe ich nicht, woher die täglichen Freuden des Lebens kommen sollten.
(Shen Fu, Schriftsteller, 18. Jh.)

Geschichte

Die chinesische Gartenbaugeschichte ist sehr alt. Schriftliche Quellen bezeugen, dass in China schon im 5. Jh. v. Chr. Gärten existiert haben. Anfangs waren diese Gärten riesige Parkanlagen, in denen die Könige Großjagden veranstalteten um ihre Macht und ihren Reichtum zur Schau zu stellen. Von weiten Expeditionen und Eroberungen brachten die königlichen Heere wilde, exotische Tiere mit, die zur Ergötzung des Hofes in den Parkanlagen gehalten wurden. Die Jagd war nicht nur ein königliches Vergnügen. Sie hatte auch religiöse Aspekte, denn in den Parkanlagen fanden rituelle Tieropferungen statt.

Die chinesische Gartenbaugeschichte wird erst seit dem ersten Kaiser Chinas, der das Land im Jahre 221 v. Chr. einte, wirklich fassbar. Beschreibungen von Gärten wurden in Form von Gedichten und Prosa bekannt. Die historischen Chroniken aus der Zeit beschreiben äußerst detailliert einen Garten, der vom ersten Kaiser Chinas erbaut wurde. Dieser erste gestaltete Garten, Shanglin genannt, war ein Vorbild für die nachfolgenden Generationen. Der Kaiser Wu der Han-Dynastie (reg. 140 bis 86 v. Chr.) gilt als der nächste große Gartenförderer. Ihm verdankt der chinesische Garten die »Insel der Unsterblichen«, die später zu einem zentralen Element der Gartenkunst wurde.

Waren anfangs Gärten nur in Besitz von Kaisern, so fand ab dem 2. Jh. n. Chr. eine Art Verweltlichung des Gartenbaues statt. Auch Kaufleute und erfolgreiche Beamte begannen ein Stück Erde künstlerisch zu gestalten. Diese Gärten erreichten natürlich niemals die Größe der Gärten, die im Besitz des Kaisers waren. Nach dem Zerfall der Han-Dynastie brach das Reich auseinander: Intellektuelle und Beamte wurden verfolgt und zogen sich enttäuscht in die Privatsphäre, in ihre Gärten zurück. Das Scheiden aus dem offiziellen Leben, der Verzicht auf allen Luxus und die Selbstkultivierung galten als erstrebenswert. Der Garten wurde zum Sinnbild für diese Lebenseinstellung und zur literarischen Metapher. Auch das Naturverständnis änderte sich radikal. Die Natur bedeutete zunehmend Heimat und Zuflucht. Die neue, aus Indien importierte Religion des Buddhismus förderte diese Tendenz. Sie wurde auch durch die Verbreitung eines differenzierteren Daoismus genährt, der das Eremitentum zur Tugend erhob. So entstanden auch außerhalb der Stadt private intime Gärten und jeder Einsiedler pflegte sein kleines ummauertes Stück Land.

Einen Garten verbindet man mit Rückzug, Alleinsein und Verbundenheit mit der Natur. Jedoch wie alles, kann auch die Beziehung zum Garten ihre Schattenseite zeigen: Im alten China wurde der Garten bald zu einem Objekt der Begierde und zu einem Statussymbol. Kaiser, hohe Staatsbeamte und Gelehrte ließen sich in ziviler Kleidung porträtieren, wie sie sich in ihren Gärten vergnügten. Der Garten wurde zudem ein integrierter Teil der Stadtplanung. Jeder Kaiser wetteiferte mit seinem Vorgänger um den eindrucksvollsten Garten. Dies führte in der nördlichen Song-Dynastie (Anfang 12. Jh. n. Chr.) zu leeren Staatskassen und zum baldigen Untergang des Herrscherhauses.

Um 1600 entstand eine eigene Fachliteratur für Gärten, in der Pflege und Gestaltung beschrieben wird. Berühmt ist das erste Gartenhandbuch (Yuanye) des Ji Cheng, das im Jahr 1635 publiziert wurde. Die Komposition und das Inventar der Elemente hat sich seither nicht mehr grundsätzlich verändert. Die heute noch erhaltenen klassischen Gärten stammen aus der letzten Dynastie (Qing-Dynastie, 1644 bis 1911) und befinden sich vor allem in der Gartenstadt Suzhou und in Beijing.

Ästhetik und Komposition

Der chinesische Garten besitzt immer ein Thema, das in der ganzen Anlage wie eine Hintergrundmelodie mitschwingt. Das beliebteste Thema sind »die drei Freunde im Winter«. Dabei handelt es sich um die Kiefer, Symbol des langen Lebens, um den Bambus, Sinnbild für Belastbarkeit und konfuzianische Tugend, und um die Winterkirsche, Metapher für das neu aufkeimende Leben. Ein chinesischer Garten wird als ein Gesamtkunstwerk verstanden, in dem einerseits Dichtung, Malerei und Schriftkunst, andererseits Fengshui, Architektur und Gartendesign eine harmonische Einheit bilden. Ein besonderes Augenmerk wird bei der Gestaltung auf die Darstellung des Jahresablaufs, der Vergänglichkeit gelegt. Der Garten ändert immer wieder sein Gesicht; er ist in verschiedene Bereiche unterteilt, die die vier Jahreszeiten zelebrieren.

Geleitet durch die Konzeption, wandelt der Besucher durch einen idealen Raum und entzieht sich dadurch langsam den Niederungen des Alltags. Da man einen chinesischen Garten in der Bewegung, das heißt gehend erfährt, wollen wir uns ihm in einem Spaziergang nähern. Er findet jedoch nicht in einem fiktiven Garten statt, sondern im Chinagarten Zürich, den wir in sechs Etappen durchschreiten. Zur Orientierung wird jeder Halt aus der Vogelschau des Chinagartens mit einer Nummer bezeichnet.

Vogelschau des Chinagartens Zürich

Als Geschenk der chinesischen Partnerstadt Kunming an die Zürcher Bevölkerung wurde der Garten von chinesischen Baumeistern und Gärtnern im Jahr 1993 gebaut. Das Bild führt vor Augen, dass die Wasserfläche, wie es die Regel der Landschaftsarchitek-

Die sechs Etappen im Garten
1. **Eingang: Übergang zwischen Alltag und idealem Raum**
2. **Erstes Hindernis: die Felswand**
3. **Über Steine hüpfen oder sich über Brücken wagen**

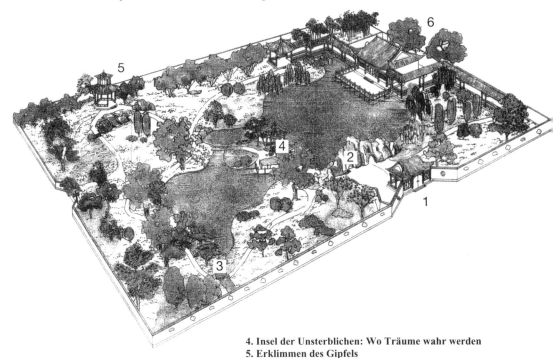

4. **Insel der Unsterblichen: Wo Träume wahr werden**
5. **Erklimmen des Gipfels**
6. **Rückkehr in die Geselligkeit: die Funktion der Architektur**

tur will, ein Drittel der Gesamtfläche einnimmt. Die architektonischen Elemente teilen den Raum ein, die Wege und der See verleihen dem Garten Bewegung.

Chinesische Landschaftsarchitekten haben den Gartenplan entworfen, noch bevor der Standort bestimmt war. Anschließend mussten sie Änderungen vornehmen, um den Garten an die örtlichen Gegebenheiten anzupassen. Die vorhandenen hohen Pappeln wurden einbezogen, die Wege neu gelegt und die Form des Sees verändert. Schließlich wurde eine in der Planung nicht vorgesehene Bogenbrücke erbaut.

Eingang: Übergang zwischen Alltag und idealem Raum (1. Halt)
Die einfachste Definition eines Gartens lässt sich in jedem Wörterbuch nachschlagen: »Ein Stück Land, das von einer Mauer umgrenzt wird«. In China wird der Garten mit dem Schriftzeichen yuan bezeichnet, dessen wörtliche Bedeutung »ein Stück Land, um Pflanzen anzubauen« ist. Dieses Schriftzeichen, in dessen Innern die Zeichen für Erde

Yuan – chinesisches Zeichen für Garten

und für Mund auftauchen, wird von einem Viereck umschlossen. Das Viereck stellt eine Mauer dar. Interessanterweise erscheint es auch im Schriftzeichen für Staat. Somit darf man das Viereck bzw. die Mauer als Grenze verstehen, die eine klare Linie zieht zwischen wilder und kultivierter Natur, zwischen Alltag und paradiesischem Raum. In China wird ein Garten als ein ummauerter und entspannter Ort verstanden. Die Außenmauer dient nicht nur der Trennung zwischen profaner und sakraler Welt, sondern auch dem Schutz. Denken wir an die Große Mauer, die das chinesische Kaiserreich vor dem Einfall der nördlichen Nachbarvölker zu schützen hatte.

Auf der Seeseite der Mauer ist das Haupttor eingelassen. Als Schutz werden links und rechts Steinlöwen aufgestellt. Der Löwe war ursprünglich kein einheimisches Tier. Er wurde etwa im 2./3. Jh. n. Chr. mit dem vermehrten buddhistischen Einfluss aus Indien nach China importiert. Löwen wurden als Geschenke dem Kaiser dargebracht und in den kaiserlichen Gärten gehalten.

Im Buddhismus spielen sie eine große Rolle, denn sie beschützen die Lehre Buddhas vor den Feinden. Das Weibchen spielt mit einem ihrer Kleinen und steht auf der rechten Seite, in traditionellen Gärten im Westen, wo die Sonne untergeht und das Yin vorwiegt. Das männliche Tier hält eine Kugel in den Pfoten. Entsprechend befindet es sich auf der Yang-Seite, idealerweise im Osten, wo die Sonne aufgeht. Zusätzlich

treffen wir beim Haupteingang weitere Schutztiere an: Drachen, Phönix oder Einhörner (Qilin). Diese sollen gute Einflüsse (Qi) hineinströmen lassen und schlechte Energien (Sha) hinauslocken.

Der Zürcher Chinagarten, in einer großzügigen Parkanlage am Ufer des Zürichsees gelegen, weist einen Standort mit guten Fengshui-Qualitäten auf. Die große, offene Wiese vor dem Eingang grenzt direkt an den See und lässt viel lebendiges Qi in den Garten hineinfließen. Sie bildet den »Phönix«, der zwar nicht genau im Süden liegt, aber offen und hell ist. Auf der Rückseite des Gartens bilden größere Gebäude und die sanften Hügel der weiteren Umgebung die Schildkröte. Auf der Tiger-Seite liegt die pulsierende Stadt Zürich – eine gute Entsprechung für das wendige, agressive Tier.

Der Betrachter verharrt einige Minuten vor dem Haupttor, bevor er in den Garten tritt. Er betrachtet die waagrechten Namenstafeln und die beiden senkrechten Verstafeln, die den Eingang schmücken. Diese kunstvollen Schrifttafeln stimmen den Besucher ein, wecken Assoziationen in ihm und regen seine Neugierde an. Sie sind Leitmotive, welche die Lebenseinstellung, Neigungen und Gedanken des Gartenbesitzers widerspiegeln.

Bevor wir nun endlich in den Garten eintreten können, müssen wir die erhöhte Torschwelle überwinden, welche die ideale Welt von der profanen trennt. Nur der Mensch besitzt die Fähigkeit sich zu läutern, während die bösen Geister verdammt sind am Boden zu schleichen und die Schwellen nicht überspringen können.

Erstes Hindernis: die Felswand (2. Halt)

> *In der Jaspis-Halle liege ich vor einem Bild von Guo Xi.*
> *Gefühle steigen in mir auf; ich bin schon mitten in den Bergen.*
> *(Huang Tingjian, Schriftkünstler, 11. Jh.)*

Die Überraschung ist groß, denn obwohl wir uns nun im Innern befinden, wird uns der Blick auf den Garten durch künstliche Berge (in manchen Gärten durch eine Mauer) verwehrt. Hinter den Gipfeln der imposanten Bergwand tauchen Baumkronen und Dächerspitzen auf und ermuntern den Besucher weiterzugehen und den Garten zu entdecken. Dieses Kompositionsprinzip entspricht dem tiefen chinesischen Empfinden, nicht alles zu zeigen und durch das raffinierte Auswählen von Ausschnitten banale Perspektiven zu verhindern. Diese Haltung hat die chinesische Ästhetik nachhaltig beeinflusst. Die Felsformation, Geistermauer genannt, schirmt nicht nur vor der aufdringlichen Neugierde der Ungeladenen ab, sondern wirft auch die »Pfeile des Bösen«, das Sha, zurück. Gleichzeitig fördert sie die Zirkulation des Qi, das die Felswand sanft umfließt.

Am Fuß des Berges stehend, wandert das Auge des Betrachters in die Höhe und plötzlich erscheinen die Berge, wie bei einem Trompe-l'oeil (optische Täuschung), unermesslich groß. Dieser Effekt wird zusätzlich durch die Bepflanzung mit kleinen Kiefern betont. Ebenso wie die winzigen menschlichen Figuren in der chinesischen Landschaftsmalerei, empfindet sich der Gartenbesucher als kleiner Teil der Natur.

In China hängt die Bewunderung und Verehrung der Berge mit dem Kult der Fünf Heiligen Berge zusammen. Im Osten liegt der Taishan, im Süden der südliche Hengshan, in der Mitte der Songshan, im Westen der Huashan und im Norden der nördliche Hengshan. Schon sehr früh haben die Chinesen den Himmel in fünf Paläste und die Erde in fünf Teile, die vier Himmelsrichtungen und das Zentrum, unterteilt. Die Zahl fünf wurde benutzt, um alle Phänomene von Raum und Zeit einzuordnen. Alle diese fünf heiligen Berge sind bewaldet, auf ihren Gipfeln stehen zahlreiche daoistische Tempel. Sie stellen eine der ältesten bekannten Kultstätten des Landes dar, während in Europa die Berge bis ins 14. Jh. Furcht (»horror montium«) erregten und, trotz des später einsetzenden »Bergfiebers«, nie als heilig betrachtet wurden. Heute noch pilgern Massen von chinesischen und ausländischen Touristen auf die Heiligen Berge.

Bald merkt der Besucher, dass die Felswand kein unüberbrückbares Hindernis ist, denn er entdeckt eine Höhle. Er erahnt, dass dies ein möglicher Durchgang ist. Die Höhle in der Felswand ist ein typisches chinesisches Motiv, das nicht nur die Literatur, sondern auch die Kunst beeinflusste. Es bezieht sich auf ein berühmtes Prosagedicht des Dichters Tao Qian (365 bis 427) mit dem Titel »Pfirsichblütenquell«. Der Erzähler schildert, wie er einst durch eine Höhle auf die andere Seite des Felsmassivs in ein paradiesisches Gefilde gelangte. Von feenhaften Frauen mit erlesenen Speisen und seltenen Getränken umsorgt, mit Tanz und Musik unterhalten, verlor er jegliches Zeitgefühl. Doch bald überfiel ihn das Heimweh und er kehrte zurück. Als er seinen Freunden den Durchgang zu der Pfirsichblüten-Quelle zeigen wollte, war die Eingangshöhle verschwunden.

Darstellungen dieses utopischen Landes jenseits der Pfirsichblüten-Quelle waren beliebte Themen in der chinesischen Malerei. Das Motiv der Höhle tritt besonders häufig in Gärten auf, wobei die Popularität sicher auch auf den literarischen Ursprung dieser Paradiesvorstellung zurückzuführen ist. Nicht nur ein auf Erden »verlorenes Paradies« verbirgt sich hinter einer Felswand. Im Daoismus wird die Höhle auch als Zugang zum Refugium der Unsterblichen betrachtet. Die Höhle erinnert uns auch an das Trigramm »Berg«. Diese wird mit dem Übergang von Leben und Tod, aber auch mit Unbeweglichkeit, inneren Barrieren und Spiritualität in Verbindung gebracht. Der Besucher verlässt die Höhle in Richtung Nordosten – die Himmelsrichtung, die ebenfalls dem Trigramm »Berg« zugeordnet wird.

Wasser ist Atem und Blut der Erde

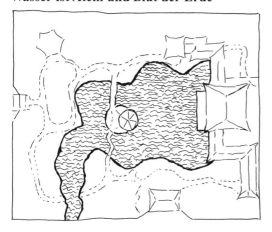

Um zum eigentlichen Garten zu gelangen, müssen wir uns durch den dunklen, engen, kalten und verschlungenen Tunnel zwängen: Schließlich breitet sich der Garten vor unseren Augen hell aus und wir stehen vor einer Wasserfläche. Der erzielte Überraschungseffekt führt dazu, dass wir blinzeln. Das spiegelnde Wasser steigert die Schönheit der Gartenelemente und öffnet den Raum. Von diesem Standpunkt aus erkennt der Betrachter schnell, dass das Wasser das zentrale

Motiv des Gartens ist. Bei der Gartengestaltung spielt die Wasserfläche eine große Rolle, weil durch deren geschicktes Anlegen der Garten größer wirkt. Die Wasserfläche kann bis zu einem Drittel der ganzen Gartenanlage einnehmen. Sie erschafft eine lebendige Atmosphäre, denn mit ihrer ständigen Bewegung hat sie die gleiche Funktion wie das menschliche Herz, das Blut durch den Organismus pumpt. Es ist daher nicht erstaunlich, dass manche Gartenseen in Form des Schriftzeichens für Herz angelegt wurden. Im Vergleich zu Europa gibt es in chinesischen Gärten keine stehenden Gewässer. Das chinesische Schönheitsempfinden lehnt starre Flächen ab, denn diese werden als ästhetische und geistige Stagnation verstanden. Bewegte Spiegelungen sind sehr wichtig: Am Tag entdeckt der Betrachter im Wasser neue Wolken, in der Nacht einen neuen Mond und andere Sterne. So sagen die Chinesen, dass der Mond seine Seele im Wasser des Gartens wäscht. Deshalb ist für einen chinesischen Garten die Wasserfläche als Spiegel des Himmels absolut unverzichtbar. Sie ist das sichtbar gewordene Niedersteigen des Himmels auf die Erde und der Ort, an dem der Mensch dem Himmel begegnen kann.

Felsen sind die Knochen der Erde
Aber lebendig wirkt das Wasser erst, wenn es durch die Starre der Felsen kontrastiert wird. Die Chinesen haben die Felsen geliebt und verehrt, wie wir religiöse Ikonen bewundert und gesammelt haben. Die Liebe zu den Steinen hat in der Zeit angefangen, als die Menschen noch glaubten, dass Berge von übernatürlichen Kräften durchdrungen seien.

Grundsätzlich wird zwischen zwei Kategorien von Steinen im Garten unterschieden: Es gibt den künstlichen Berg, der aus verschiedenen übereinander geschichteten Felsblöcken besteht, die – wie am Eingang – einen Berg oder eine Hügelkette formen. Und

es gibt die »Gipfel«, die aus einem frei stehenden, aufrechten Monolith bestehen und weder bepflanzt noch begangen werden. Die berühmtesten unter ihnen sind Steine aus dem Tai-See, die schon im 10. Jh. n. Chr. beliebte Sammlerobjekte waren. Sie sind von Löchern durchsetzt, die durch die Wellenbewegungen im See geformt wurden, und gelten als ideales Abbild der Kraft des Wassers. In welchem Ausmaß Steine verehrt wurden, zeigt die Tatsache, dass der berühmte Dichter und Kalligraph aus dem 10. Jh., Mi Fu, sich jeden Tag vor seinem Stein verbeugte und ihn als »Älteren Bruder« anredete.

Steine waren Proben einer »natürlichen« Skulptur. Sie zeugten von außerordentlicher Aussagekraft, wurden auf Sockeln montiert und in den Gärten – gleich den Statuen im Westen – aufgestellt. Bestimmte Formen waren sehr gesucht und Expeditionen wurden ausgesandt, um solche Steine zu sammeln. Man kann sagen, dass Steine für die Chinesen dieselbe Bedeutung haben wie für uns Blumen. Steine und Felsen geben dem gesamten Garten eine Struktur: Entfernt man diese, würde der Garten wie ein knochenloser Organismus zusammenfallen. Im Daoismus wird die Natur als ein lebender Organismus betrachtet und der Garten, als Teil von ihr, als Abbild des menschlichen Körpers. Die Außenmauer bildet die Haut; sie trennt und schützt, ist aber doch durchlässig. Daher werden in ihr Fenster eingelassen, die den Blick nach außen ermöglichen. Die Felsen sind die Knochen und das Wasser das pumpende Herz, das Atem und Blut zusammenführt. Und so wie das Haar immer wieder nachwächst, sprießen auch die Pflanzen des Gartens.

»Wo Berge sind, muss Wasser in der Nähe sein«

Shanshui, wörtlich Berg und Wasser, bedeutet im Chinesischen Landschaft. So ruft das Sprichwort durch die beiden Begriffe »Berge« und »Wasser« in uns das Bild einer Landschaft hervor.

Das zentrale Augenmerk der Gartengestalter richtete sich darauf, eine reale Landschaft nachzubilden. Daher sind Felsen und Wasser die beiden wichtigsten Elemente in den chinesischen Gärten. Architektonische Gestaltungselemente, wie Pavillons, Brücken, Balustraden, Galerien und Teiche, spielen im Vergleich zu Steinen und Wasser eine sekundäre Rolle. Auch Bäumen, Sträuchern oder Blumen kommt in der Gesamtkonzeption eines Gartens eine untergeordnete Bedeutung zu.

Die Kombination der beiden Elemente Berg und Wasser stellt die fundamentalen Gegensätze von Yin und Yang dar. Yang, hart und stark, ist im Felsen, Yin weich und nachgiebig, im Wasser versinnbildlicht. Beim Gestalten eines Gartens muss die Ausgewogenheit von Yin und Yang angestrebt werden und auf einem günstigen Gelände sind die gegensätzlichen Kräfte im Gleichgewicht. Dies soll in der Planung des Gartens sichtbar zum Ausdruck kommen: Höher gelegene Stellen führen zu tieferen, schattige Plätze leiten zu sonnigen über. Stets mit Kontrastelementen spielend, überrascht der Garten den Betrachter und führt ihn immer wieder an das Unerwartete heran. Wenn die Sonne in einem bestimmten Winkel auf die Wasseroberfläche fällt, diese sich am Felsen reflektiert und der Felsen sich schliesslich auch im Wasser spiegelt – in einem solchen glücklichen Moment stehen wir vor einer dreidimensionalen Darstellung des Yin- und Yang-Symbols. Wie alle anderen Dinge tragen Berge und Wasser immer Aspekte ihres spiegelnden Gegensatzes in sich.

Über Steine hüpfen oder sich über Brücken wagen (3. Halt)

Der Gartenbesucher setzt nun seine Wanderung über Wege fort. Ein Spaziergang durch einen chinesischen Garten verläuft nicht geradlinig. Wir werden nie langen, von Bäumen flankierten Alleen begegnen. Auch werden wir nie genau wissen, sondern nur ahnen,

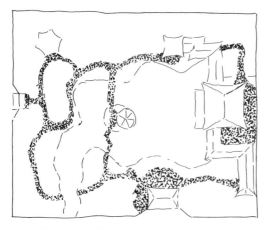

wohin der Weg führt. Die Gartenwege verbinden die verschiedenen Raumzellen des Gartens und lenken den Blick des Betrachters. Da jegliche Symmetrie fehlt, entsteht – einem Film gleich – eine erzählerische Dynamik. Weil im Daoismus das Leben als verschlungener Weg verstanden wird, gibt es während des Spaziergangs helle und dunkle Augenblicke, Höhepunkte und Abgründe. Die Wege des Gartens lassen sich als Metapher für den Lebensweg verstehen. Der Garten ist nicht nur ein Ort des Rückzugs und der Entspannung, er soll auch den Intellekt anregen und die Menschen dazu anhalten, über sich und die Welt nachzudenken. Die Jahreszeiten werden durch die Pflanzenwahl und die Gestaltung der Gebäude und Wege besonders markiert. Auf den Gartenwegen, die ineinander fließen und nie in einer Sackgasse enden, durchwandern wir Frühling, Sommer, Herbst und Winter und erleben den Zyklus der Jahreszeiten, den Lauf der Zeit und die Vergänglichkeit.

Der Mosaikboden aus farbigen Steinen oder Steinsplittern, aus Ziegeln oder bunten Kieseln, setzt weitere Akzente. Wir treffen figürliche und geometrische Dekorationen an. Der ständige Wechsel von einem Motiv zum anderen, zum Beispiel von einer Päonie zu einer Glückswolke, weist auf die unterschiedlichen Gartenräume und die Stimmungswechsel hin. Der Verlauf der Gartenwege, sanft geschwungen oder Hügel erklimmend, unterliegt nicht nur einem ästhetischen Prinzip. Schnurgerade Wege werden vermieden, weil sie den Fluss der positiven Strömungen, das Qi, zu schnell beschleunigen und in Sha umwandeln.

Beim Spaziergang in einem chinesischen Garten wird es immer einen Augenblick geben, in dem sich der Besucher an einer Weggabel befindet. Er kann sich entscheiden, den kleinen Fluss über Steine hüpfend zu überwinden oder sich über eine Brücke in den Mittelpunkt des Gartens zu wagen. Wählt er Letzteres, gelangt er zu einer Zickzack-Brücke. Auf den ersten Blick scheint die Form der Brücke unlogisch zu sein, denn die Funktion einer Brücke ist es ja, zwei Punkte an gegenüber liegenden Seiten eines Gewässers möglichst direkt zu verbinden. Die Zickzack-Form ist nicht einfach nur dekorative Spielerei. Zum einen herrscht im chinesischen Volksmund der Glaube, böse Geister könnten sich nur geradeaus fortbewegen. Zum anderen führen die Gartengestalter den Besucher zu neuen Einsichten: Wir werden gezwungen einen Blick nach links, dann einen Blick nach rechts, dann wieder nach links und so fort zu werfen. So nehmen wir neue Perspektiven wahr, die uns sonst nicht aufgefallen wären.

Insel der Unsterblichen: Wo Träume wahr werden (4. Halt)

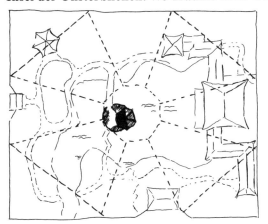

Der Weg über die Zickzack-Brücke führt uns zur wichtigsten Raumzelle des Gartens. Auf einer kleinen Insel im See steht ein offener runder Pavillon, der zum Verweilen einlädt. An der Decke spiegelt sich das bewegte Wasser und lässt das Zusammenspiel von Ruhe und Bewegung, von Yin und Yang, besonders intensiv erleben. Große Wichtigkeit besitzt die runde Form des Pavillons. Sie verkörpert das Element Metall und symbolisiert den Himmel.

Die Insel bildet das Zentrum des Gartens und befindet sich im Taiqi (Mitte), jedoch nicht genau im geometrischen Mittelpunkt. Dies ist bezeichnend für die Gartenkunst Chinas, in der – im Gegensatz zur Architektur – jegliche Symmetrie gemieden wird.

Der herrschsüchtige erste Kaiser, Qin Shihuangdi, hatte über tausend junge Menschen ans Meer im Osten gesandt. Diese sollten vor der Küste die Drei Inseln der Unsterblichen suchen und von den himmlischen Wesen das Lebenselixir erhalten. Die Mission scheiterte kläglich und der erste Kaiser von China wurde zum Gespött der Nachwelt. Der Kaiser Wu der Han-Dynastie hatte aus dem Missgeschick seines Vorfahren gelernt. Er begnügte sich damit, die Insel der Unsterblichen in seinem Garten nachzubauen, in der Hoffnung, dass die Unsterblichen, die auf dem Rücken von Kranichen reisen, von oben diese mit ihrer Wohnstätte verwechseln würden. Die Insel, die zum Traum der Unsterblichkeit verleitet, wurde ab dem 2. Jh. v. Chr. zu einem unentbehrlichen Element eines Gartens.

An diesem wichtigen Ort ruht sich der Besucher aus und lässt seine Gedanken schweifen. Von hier aus lässt sich die Spiegelung des Mondes im Wasser besonders gut bewundern. Die Betrachtung des Mondes war unter den Gelehrten Chinas eine weit verbreitete Beschäftigung. Der Mond war der sichtbarer Beweis für den Einfluss des Himmels auf Erde, Natur und Menschen. Er galt als Spiegel für die menschlichen Gefühle, von denen man glaubte, dass sie bei der Betrachtung des leuchtenden Mondes unverfälscht zum Vorschein kommen würden.

Um den Spaziergang fortzusetzen, wird der Besucher eine Bogenbrücke überqueren müssen. Ihre typische Form symbolisiert die statische Stärke, welche im Gegensatz zum weichen Wasser steht. Im Spiegelbild vervollständigt sich der Halbmond der Bücke zu einem Kreis und formt, wie eine Blende, die Öffnung zu einer anderen Welt.

Erklimmen des Gipfels (5. Halt)

Der Besucher wandert nun zum Aussichtspunkt des Gartens. Auf einem Hügelchen befindet sich ein sechseckiger Pavillon. In diesem Teil des Gartens wird der Winter zelebriert. Die nahen Kiefern und die großen Felsbrocken betonen die winterliche Stimmung. Der Pavillon ist zusätzlich mit geschnitzten Dekorationen verziert, die für den Winter und im weiteren Sinn für das Yin stehen. Der Besucher befindet sich am höchsten Punkt des Gartens und genießt eine weite Aussicht. Der Blick schweift über die Mauer hinweg auf die unmittelbare Umgebung und zum fernen
Horizont hin. Die Gartengestalter benutzen bewusst die Szenarien außerhalb des Gartens als Kulisse oder Hintergrund. Kann sich ein Gartenbesitzer keinen mehrstöckigen Pavillon oder keine alte, monumentale Kiefer leisten, »borgt« er sie sich aus dem Nachbargarten, indem er sie durch die Sicht in seinen eigenen Garten integriert. Die Umfassungsmauer darf die Außenwelt nicht ausschließen und deshalb nicht allzu hoch sein. Die Fenster sollen die Außenansichten umrahmen und spannende Durchblicke schaffen.

Rückkehr in die Geselligkeit: die Funktion der Architektur (6. Halt)

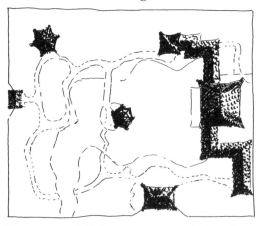

Hat der Besucher die Landschaft und den Garten lange genug bewundert, kann er sich auf die Rückkehr in die Geselligkeit begeben. Der größte Architekturkomplex, der sich meistens im Osten befindet, lädt zu weltlichen Vergnügen ein. Der Einstieg in den eher gesellschaftlichen Teil des Gartens bildet ein Viereckpavillon, der mit seiner Form die Erde symbolisiert. Von hier aus leiten Galerien den Besucher zum Hauptpalast. Architektonische Elemente, wie Palast, Pavillons, Terrassen und Galerien, werden miteinander verbunden. Sie sind in einem chinesischen Garten unverzichtbar, da sie die »Wildnis« zähmen und Zeichen der menschlichen Präsenz in der Natur sind.

Auf unserem Spaziergang sind wir unterschiedlichen Gebäuden und Pavillons begegnet und wir verstehen nun das chinesische Sprichwort: »Sobald ein Ort einen Pavillon besitzt, kann man ihn als Garten bezeichnen«. Ein Pavillon zwischen Bergen ist auch in der chinesischen Landschaftsmalerei ein bevorzugtes Thema. Er symbolisiert den winzigen Platz des Menschen in der Ordnung der Natur. Auch größere, teilweise mehrgeschossige Baulichkeiten dürfen in chinesischen Gärten nicht fehlen. Eine Halle dient dem Empfang von Gästen. Nach den Feierlichkeiten zieht sich der Gastgeber in seine meist hinten gelegenen Räumlichkeiten zurück, oder schaut von der Terrasse am Wasser zu den Sternen hinauf.

Jedes architektonische Element hat seine bestimmte Funktion: Manche Pavillons dienen dem Betrachten der Lotosblumen im Sommer, von manch offener Galerie lässt sich das Blühen der Chrysanthemen im Herbst besonders gut beobachten, der Pavillon auf der Insel der Unsterblichkeit dient nachts beim Mondschein heimlichen Rendezvous' und mancher Pavillon wurde für das Musizieren mit Freunden geschaffen. Yuan Mei, ein bekannter Schriftsteller des 18. Jh., schrieb, er könne sich selbst im Winter an seinem Garten erfreuen, denn die überdachten langen Korridore würden auch bei Donner, Blitz und Wind einen Spaziergang ermöglichen. Die offenen Galerien bilden einen wichtigen Bestandteil der Architektur eines Gartens. Der Yuanye, das erste Gartenhandbuch in der Geschichte Chinas, beharrt sogar darauf, dass sie in keinem Garten jeweils fehlen dürfen. Sie verbinden Pavillons, Hallen und Teehäuser, sie winden sich hügelauf und hügelab und laden zum Promenieren, zum Entspannen und zum Genießen der Aussicht ein. Zudem dienen sie auch der Aufteilung des Gartens und sind wichtige Stilmittel. Begeistert schilderte der Jesuit und Künstler am chinesischen Kaiserhof Ende 18. Jh., Pater Attiret, seine Eindrücke des Yuanming-Gartens in Beijing in einem Brief vom 1. November 1743:

»Seltsam ist, dass sie [die offenen Galerien] niemals in gerader Linie verlaufen. Sie vollführen hundert Schlenker, manchmal um eine Anzahl von Büschen, manchmal um einen Felsen oder auch rund um einen See; man kann sich nichts Anmutigeres vorstellen. Bei alledem gewinnt man einen bezaubernden und erhobenen Eindruck von der Szenerie.«

Nicht nur das Gefühl, sich im gleichen Augenblick »drinnen« wie »draussen« zu befinden, mochte Pater Attiret bezaubert haben, sondern auch die Tatsache, dass die Säulen der offenen Galerien die Aussichten wirkungsvoll einrahmen. Die entstehenden »Bilder« unterstreichen die Schönheit des Gartens. Außerdem kann die Umgebung auch durch das dekorative Lattenwerk, das sich etwas über Kopfhöhe oder in Kniehöhe des Betrachters an beiden Seiten der Galerie hinzieht, entdeckt werden. Die Muster des Lattenwerks können manchmal verwirrend sein. Der Verfasser des ersten Gartenhandbuches, Ji Cheng, unterscheidet hundert verschiedene Designs, wobei er den einfacheren, schlichteren den Vorzug gibt. Idealerweise eröffnen die Muster des Lattenwerks neue Aussichten, ohne den Blick von den belebten Formen der Sträucher und Bäume abzulenken.

Mauern

Die Mauern teilen im Innern des Gartens den Raum ein, indem sie einzelne Bereiche voneinander abtrennen. Reizvolle, malerische »Bilder« entstehen, wenn die Schatten

und Silhouetten des Bambus auf die helle Fläche der Mauern fallen und durch den Wind ins Tanzen geraten.

Nirgendwo wird deutlicher, wie maßgebend das Prinzip der Gegensätze die chinesische Ästhetik beeinflusst hat. Helle Innenmauern stehen immer in spannungsvoller Beziehung zu ihrem unmittelbaren Umfeld, seien es Ziegel, Durchlässe, Felsen oder Pflanzen. Was die Mauern so faszinierend macht, ist nicht das Material, mit dem sie gebaut werden, auch nicht die Bearbeitung der Oberfläche, sondern die Tatsache, dass sie in intimer Weise mit der Landschaft und der Bodenformation verbunden sind und so zu einem organischen Element der Gartenkomposition werden. Sie folgen den Bewegungen des Erdbodens und verlaufen selten in geraden Linien. Nie werden sie an den Ecken kantig gebrochen. Ganz besondere Liebhaber, die der Mauer eine glänzende Oberfläche geben wollten, benutzten zu diesem Zweck einen weißen Verputz, mit dem sie die Mauer abrieben. Das Aussehen einer solchen Wand verändert sich im Laufe eines Tages stark. Mit der wandernden Sonne werden unterschiedliche Motive und Elemente auf die Mauer geworfen. Wie bei einer Sonnenuhr, kann man den Verlauf der Zeit am Spiel der Schatten verfolgen. Die Mauer ist wie die leergelassene Bildfläche eines Landschaftbildes – sie dient allen Elementen als Hintergrund.

Öffnungen in Mauern und Wände geben »Bilder« frei, die immer den Reiz des Unerwarteten und des Überraschenden besitzen. Die Chinesen lieben das Unvorhersehbare, das Zufällige, und diese Wirkung versuchen sie in der Gartengestaltung, wie auch in der Landschafsmalerei, mit der Methode der Fragmentierung zu erreichen:

»Wenn die Alten Pflaumenbäume oder Bambus malten, ließen sie davon nur einen, hinter einer Mauer hervorragenden Zweig sehen, unter diesem originellen Blickwinkel erfassten sie seinen Charakter völlig; wenn sie den Baum vollständig gemalt hätten, mit allen seinen Zweigen, würden sie in geschmacklose Banalität gefallen sein!«

(Shen Hao, Schriftsteller, 18. Jh.)

Um »geschmacklose Banalität« zu vermeiden, rahmen Öffnungen ausgefallene Ausschnitte ein. Die Durchlässe in den Mauern sind nur selten rechteckig. Die berühmteste Form ist eine runde Öffnung, die als Mondtor bezeichnet wird. Während die Bogenbrücke mit ihrer Halbmondform erst durch die Spiegelung im Wasser vollkommen wird, ist die Form des Mondtores in sich schon perfekt. Wie die Blende einer Kamera intensiviert und konzentriert sie alles, was in der Öffnung erscheint. Der Ausschnitt wirkt wie ein harmonisch gerahmtes Bild. Diese Wirkung wird nicht allein durch die Rundung, sondern zum Teil auch durch die dunkle Umrandung oder durch die Stärke der Mauer selbst hervorgerufen. Durchlässe in Gartenmauern findet man in einer großen Vielfalt von Formen. Am häufigsten waren Blüten- und Blattformen, Fächer, Vasen und Kürbis. Später wurden Formen von Glückssymbolen, Musikinstrumenten und Muschelformen verwendet.

Die Fenster waren noch phantasiereicher als die Durchgänge, vor allem in den späten Gärten der Qing-Dynastie (1644 bis 1911). Formen und Themen wurden frei gewählt, weil Fenster ausschließlich dekorative Funktion hatten. Sie konnten bis ins Kleinste gestaltet und mit allen möglichen Details kunstvoll mit hölzernem Lattenwerk oder mit Gitterwerk aus Ton ausgefüllt werden. Mit wohl keinem anderen Element des Gartens waren Spielereien in diesem Ausmaß möglich. Aussichten, die durch ein Fenster in der Form einer Handrolle oder eines Fächers gesehen werden, erwecken den Anschein, als seien sie Fragmente einer Malerei.

»Mauern müssen viele Fensteröffnungen haben, sodass man heimlich genießen kann, durch sie in andere Welten zu schauen, wie bei einer magischen Kürbisflasche.«
(Ji Cheng, Gartenarchitekt, 17. Jh.)

Nach einer daoistischen Legende lassen sich in einer Kürbispflanze ganze Welten entdecken, wenn man nur genau hinschaut. Vergleichbar einem Kaleidoskop offenbaren auch Fenster in Mauern lebendig-bunte Bilderfolgen. Ji Cheng aber warnt den Gartenbesitzer auch, er solle ein wachsames Auge auf den Gartenarchitekten haben, damit dieser sein friedliches Refugium nicht in eine Menagerie phantastischer Tiere verwandelt.

Chinesische Gärten heute
Seit dem Ende der Kulturrevolution werden in China wieder vermehrt Gärten angelegt. Heute gehören sie zu einem wesentlichen Bestandteil des städtischen Lebens. In den Gärten praktizieren früh morgens alte Menschen Taiqi (chinesisches Schattenboxen) oder tanzen Walzer, während der Mittagspause ruhen Arbeiter in den Pavillons. Am Abend oder an den Feiertagen treffen sich dort Verliebte, Freunde und Familien zum Plaudern oder Kartenspielen.

Chinesische Gärten stellen eine Welt en miniature dar, eine Art Mikrokosmos, in dem auf wenigen Quadratmetern alle wichtigen Elemente und Prinzipien der Welt dargestellt werden. In der hektischen Großstadt sind Gärten Oasen der Stille, die den Besuchern die Möglichkeit bieten, von der Ferne zu träumen. Trotz der Urbanität können die Besucher in den Gärten die Natur genießen und fühlen, dass sie ein Teil von ihr sind. Während in vielen europäischen Gärten die Macht und Größe der Menschen zur Schau gestellt werden, rückt in den Gärten Chinas die Natur in den Mittelpunkt. Die Natur und der gesamte Kosmos werden inszeniert, gepriesen und besungen.

Die Gärten sind nicht nur Ausdruck des fernöstlichen Naturverständnisses, sondern geben auch Einblick in Philosophie und Lebenswelt der Chinesen. Diese sind davon überzeugt, dass die unmittelbare Umgebung den Menschen positiv oder negativ beeinflussen kann, weshalb es von Bedeutung ist, dass die Umgebung ein gutes Fengshui besitzt.

Bei der Planung der Gärten erhielt die weitere Umgebung besondere Beachtung. Ein Standort mit einem Hügel im Norden und einem See im Süden galt als ideal und der Eingang richtete sich nach Süden aus. Symmetrien, schnurgerade Linien und unnötige

Wiederholungen wurden vermieden, gewundene Linien, Überraschungseffekte und Rhythmenwechsel hingegen gesucht. Die Prinzipien des Fenghshui galten als ideale Werkzeuge für eine lebenswerte Umgebung und wurden bei der Gestaltung der Gärten berücksichtigt. Sie erschufen eine besondere Ästhetik, die alle Gärten in China bis in die moderne Zeit stark beeinflusst hat.

Chinesische Gärten im Abendland?
Wir sind am Ende unseres Spazierganges angelagt, verlassen den Chinagarten und kommen in unsere Welt zurück. Vor dem Tor auf der großen Wiese spielen junge Leute Fußball, weiter hinten sitzt ein älteres Ehepaar und schaut dem vorbeifahrenden Schiff nach. Wir werfen einen Blick zurück auf die zinnoberfarbene Gartenmauer und auf die reich geschmückten Pavillons und fragen uns, wie groß und unüberwindlich wohl der Gegensatz zwischen den beiden Kulturen sein mag.

War nun unser Spaziergang nicht mehr als ein Ausflug in eine exotische, ferne Welt oder können wir doch einige Anregungen für unseren eigenen Garten mit nach Hause nehmen? Verweilen wir bei dieser Frage, entdecken wir hinter der exotischen Farben- und Formenpracht bald einige interessante Ideen, die wir auch bei der Gestaltung unserer Gärten anwenden können.

Inspiriert vom Chinagarten

Grenzen setzen
Die Umfassungsmauer des Chinagartens umschließt eine eigene kleine Welt und schafft eine intime Atmosphäre. In Gärten ohne Abgrenzung fehlt die Geborgenheit und das Qi fließt unbehindert weg. Ein Stück Land wird erst dann zum Garten, wenn es gegenüber seiner Umgebung abgegrenzt ist. Dies kommt nicht nur im chinesischen Schriftzeichen für Garten, sondern auch in seinem ursprünglichen, althochdeutschen Namen »Garto«, das »Umzäunte«, zum Ausdruck. Früher geschah die Abgrenzung vor allem mit »Gerten«, langen, biegsamen Ruten. Ob Gartenmauer, Hecke oder kunstvoll gestalteter Gartenzaun – die Kunst besteht darin, das Gleichgewicht zu finden zwischen totaler Abschirmung und zu großer Durchlässigkeit.

Eingänge markieren
Von weit her ist das auffallende Eingangstor zu sehen. Es ist leicht zurückversetzt, wodurch ein kleiner Vorplatz entsteht. Die hellen Bodenplatten heben sich deutlich vom dunklen Rot der Mauer und dem satten Grün der Umgebung ab. Ein geschwungenes Dach ragt über die Mauer, Stufen führen zu den schweren Holztüren und eine hohe Türschwel-

le zeigt unmissverständlich, wo sich der Übergang zwischen Innen und Aussen befindet. Steinlöwen, chinesische Schrifttafeln und farbige Ziegel lassen keinen Zweifel über die fernen Ursprünge aufkommen.

Eingänge sind die Pforten des Qi. Sie sollen gut erkennbar sein, einladen, präsentieren aber auch schützen. Nicht nur exotische Fabelwesen sind gute Wächter. Skulpturen, Steine, Klangspiele, Pflanzen und vieles mehr können zu unseren persönlichen Wächtern werden. Ein sicheres Gefühl erhalten wir vor allem durch einen klar markierten Eingang. Nicht überall ist ein Gartentor möglich. Auch Pflanzen, Bodenbeläge, Außenlampen, richtig plazierte Briefkästen und Beschriftungstafeln helfen die Schwelle zum Eintritt zu bezeichnen. Damit das Qi frei hineinströmen kann, sollte vor dem Eingang nichts Behinderndes stehen. Große Steine und mächtige Bäume können den Qi-Fluss empfindlich beeinträchtigen, ebenso überfüllte Abfallcontainer und welkende Pflanzen.

Zeigen scharfe Kanten, Spitzen oder eine gerade Straße auf den Eingang, tun wir gut daran, den Sha-Einfluss abzuschwächen. Abschirmende Pflanzen, glänzende Türknöpfe und Rosenkugeln sind einfache Maßnahmen, um die Energien zurückzuwerfen. Befindet sich vor einem Eingang ein heller und offener Platz, kann sich das Qi sammeln und aufladen. Der Anblick, der uns beim Betreten eines Ortes empfängt, prägt unsere Stimmung und unser Qi. Aber ebenso wichtig ist der Eindruck, der sich uns bietet, wenn wir einen Ort verlassen. Ein kunstvoller Gartenzaun, eine hübsche Steinlaterne und ein blühender Busch sind ein erfreulicher Blickpunkt, der unser Qi beim Eintritt in die Aussenwelt hebt und stärkt.

Schritt für Schritt vorangehen
Der künstliche Fels im Anschluss an den Eingang mag uns an Disneyland erinnern, die Idee aber, nicht alles auf den ersten Blick preiszugeben, ist überzeugend. Sind wir eingetreten, befinden wir uns auf einem kleinen Platz. Wir entscheiden uns, in welche Richtung wir blicken oder gehen wollen, und entdecken erst dann den Garten Schritt für Schritt.
Im eigenen Garten gibt es viele Möglichkeiten, diese Idee nach dem eigenen Geschmack zu verwirklichen. Eine Gruppe von Sträuchern, eine kleine Mauer, eine Pergola oder ein Kunstgegenstand übernehmen die Rolle eines Blickfanges und Sichtschutzes.

BeWegen
Wechselnde Bodenbeläge und Wegläufe regen Körper, Sinne und unser Qi an. Gewundene Wege wirken wohltuend und bringen das Qi sanft zum Fließen. In größeren Gartenanlagen, aber auch in kleinen Vorgärten, lassen sich abwechslungsreiche und fließende Wege gestalten.

Durch Unterteilung vergrößern
Wege, Teich, Mauern und Pavillons trennen verschiedene Bereiche des Chinagartens voneinander ab. Es entstehen kleine Welten mit eigenem Charakter. Sie sind miteinander verbunden und lassen den Garten größer erscheinen. Auch unser Garten wird erlebnisreicher, wenn es uns gelingt Orte mit unterschiedlicher Stimmung zu schaffen: Auf der Gartenbank im Schatten des Apfelbaumes fühlen wir uns geborgen, die sonnige Terrasse mit

der schönen Aussicht eignet sich wunderbar für gesellige Anlässe und auf dem geschützten Platz unter dem Vordach lässt es sich gut arbeiten. Verbinden sich die verschiedenen Bereiche zu einem kleinen Universum, wird der Erlebnisraum unseres Gartens dichter und vielfältiger. Bereiche schaffen bedeutet nicht, dass wir den Garten mit den verschiedensten Gegenständen und Pflanzen überladen, sondern ihn durch sinnvolle Unterteilung interessanter und größer werden lassen.

Bilder auswählen
Die Umfassungsmauer schützt den Chinagarten, schirmt ihn aber von der Umgebung nicht hermetisch ab. Durch Öffnungen werden bestimmte Ausschnitte der Landschaft als »Bilder« gezeigt und in die Gartengestaltung miteinbezogen. Auch in unseren Gärten haben wir die Möglichkeit, die Aufmerksamkeit auf die schönen Details der Aussicht zu lenken, Unerwünschtes aber durch Gebüsche, Mauern oder Gebäude abzudecken. Mauern sind auch gute Kulissen: Die Komposition einer Sträuchergruppe und ihre tanzenden Schatten im Winde, der bunte Sonnenschirm und die farbigen Sitzkissen kommen auf dem Hintergrund einer glatten Fläche gut zur Geltung.

Mit Wasser beLeben
Das Wasser, ein wichtiger Bestandteil einer Landschaft und eine der Grundbedingungen für das Leben, darf in keinem chinesischen Garten fehlen. Lebendiges, bewegtes Wasser in einem Brunnen, Bach, Teich oder einem einfachen Vogelbad bringt gute Energien auch in unsere Gärten. Es soll aber immer frisch und klar bleiben, denn trübes und abgestandenes Wasser lassen das Qi stagnieren.

Namen geben
»Drei Freunde im Winter« regt unsere Phantasie an. Wie heißt unser Garten? Indem wir ihm einen Namen geben, verleihen wir einem Ort eine eigene Identität. Wir vertiefen unsere Beziehung, halten unsere Wünsche und Hoffnungen fest und treten damit nach außen.

Gärten in Europa

*Und Gott der Herr nahm den Menschen und setzte ihn in
den Garten Eden, dass er ihn bebaute und bewahrte.*
(1. Mose 2.15)

Im Laufe der Jahrhunderte sind auf der ganzen Welt die verschiedensten Gärten entstanden. Sie zeugen nicht nur von den Träumen, Sehnsüchten und Lebensumständen der Menschen, die sie erschufen, sondern spiegeln auch den Geist ihrer Zeit wider.

Bei der Betrachtung chinesischer Gärten erkennen wir überall die Grundprinzipien des Fengshui, die in China seit Jahrhunderten der Gartengestaltung zu Grunde liegen. Es ist erstaunlich, dass ein Garten heute beinahe nach den gleichen Ideen konzipiert wird, wie vor tausend Jahren. Diese Kontinuität wurde unter anderem durch die Geschichte Chinas ermöglicht, die sich über einen großen Zeitraum, weitgehend frei von fremden Einflüssen, entwickelt hat.

Die verhältnismäßig junge Geschichte Europas dagegen ist geprägt vom bunten Nebeneinander verschiedener, kleinräumiger Länder. Seit jeher war sie Veränderungen in raschem Wechselspiel unterworfen, was sich in ihrer Vielfalt an Gestaltungsrichtungen in Garten, Architektur und Kunst widerspiegelt.

Das Fengshui war im Abendland bis vor einigen Jahrzehnten kaum bekannt. Sind trotzdem gewisse Grundgedanken des Fengshui in der europäischen Gartengestaltung anzutreffen? Um diese Frage zu beantworten, haben wir die europäische Gartengeschichte mit der »Fengshui-Brille« betrachtet. Im folgenden gehen wir kurz auf einige Gartentypen ein und beleuchten gewisse, im Lichte des Fengshui interessante Aspekte.

Gärten im Mittelalter (ca. 800 n. Chr. bis Ende 13. Jahrhundert)

Der Klostergarten
Gebäude und Gärten aus dem Mittelalter zeugen vom großen Schutzbedürfnis der Menschen. Klöster, Städte, Burgen und Herrensitze waren befestigt und das Leben spielte sich für viele Menschen innerhalb von Mauern ab.

In der vorwiegend agrarischen Wirtschaftsordnung des Mittelalters stellten ab dem 7. Jahrhundert die Klöster die Kulturschwerpunkte dar. Die christliche Religion und die klösterliche Gemeinschaft unterstützten die Abwendung von der Außenwelt und die Konzentration nach innen. Diese introvertierte Lebenseinstellung fand ihren Ausdruck in einer Yin-betonten Umgebung. Ein Kloster glich einer in sich abgeschlossenen Welt. Mauern grenzten seine Anlage von der Umgebung ab.

Neben den verschiedenen Klosterbauten gehörten immer ein Heilkräutergarten und ein Gemüsegarten zur Klosteranlage. Sie waren Nutzgärten, die in erster Linie zur Versorgung mit Nahrungs- und Heilmitteln dienten. Große Wichtigkeit hatten die aus der Antike überlieferten Kenntnisse über die Heilpflanzen. Daneben gewannen die Blumen, in Anlehnung an die römische Kultur und Gartengestaltung, immer mehr an Beliebtheit und bekamen durch die christliche Symbolik eine neue Bedeutung. Die Gärten waren durch schmale, geometrisch angeordnete Beete strukturiert. Ein Baumhain mit Obstbäumen, der auch als Friedhof diente, wurde zum beschaulichen Aufenthalt benutzt.

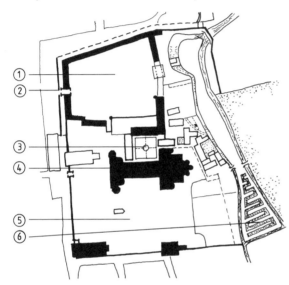

1 Großer Hof, umgeben von landwirtschaftlichen Gebäuden
2 Umfassungsmauer
3 Kreuzgang
4 Hauptkirche
5 Friedhof
6 Fischteiche

Klosteranlage Bury St. Edmunds
1081 bis 1130
Quelle: »Blüte des Mittelalters«, Hrsg. Joan Evans

Ein wichtiger Bestandteil einer Klosteranlage war der Kreuzgang. In ihm ist die Anlehnung an die Antike deutlich zu erkennen. Ein nach innen offener, überdachter Säulenumgang umschließt einen rechteckigen, oft quadratischen Innenhof. Dieser Hof ist durch ein Wegekreuz gegliedert und mit Rasen und Efeu schlicht bepflanzt. Die Anlage strahlt Stille und Ruhe aus. Diese Yin-Qualität wird durch die sparsame Bepflanzung noch unterstrichen.

Wie der chinesische Garten, und vielleicht jeder Garten, stellt auch der Klostergarten eine Lebensphilosophie dar. Der chinesische Garten will uns den ewigen Wandel erleben lassen. Die geschwungenen, verschieden gestalteten Wege laden zum Schlendern ein, erinnern uns aber auch an den wechselnden Lebensweg. Im Kreuzgang des Klosters erfahren wir dagegen Beständigkeit. Rasen und Efeu behalten ihr Aussehen das ganze Jahr hindurch, das Wegekreuz wirkt geometrisch, statisch und fordert eher zur beschaulichen Betrachtung auf. Nach Fengshui entspricht die quadratische Form des Kreuzganges seiner Bestimmung, Ort der Konzentration und Besinnung zu sein. In dieser Form manifestiert sich eine sammelnde und zentrierende Energiequalität, die im Fengshui mit dem chinesischen »Erd-Element« und mit Nachdenklichkeit und Ernsthaftigkeit in Beziehung gebracht wird.

Der Kreuzgang befand sich oft im geometrischen Zentrum des Klosters. Der leere Innenhof erinnert uns an das Taiqi des Bagua, dessen leere Mitte das Potential in sich trägt, die Fülle der umliegenden Bereiche aufzunehmen. Nach Fengshui hat der Kreuzgang die Qualitäten einer sammelnden Mitte. Es ist nicht erstaunlich, dass er zum Mittelpunkt der klösterlichen Gemeinschaft wurde.

Der Garten im Kreuzgang erinnert uns auch an eine Form chinesischer Gärten, die nicht gehend entdeckt, sondern von einem Punkt aus betrachtet werden. Sie haben eine ähnliche Funktion, wie ein schönes Bild an der Wand. Oft sind dies kleine Innenhöfe, die von den Räumen aus durch Öffnungen einsehbar sind.

Der Burggarten
Während die Klostergärten reine Nutzgärten waren, stellten die Burggärten die Lustgärten der ritterlichen Gesellschaft dar. Dort, außerhalb ihrer unwirtlichen Burgbehausung, trafen sich die Bewohner in den wärmeren Jahreszeiten zu geselligem Beisammensein. Aufgrund ihrer Schutzfunktion in kriegerischen Zeiten waren die Burganlagen enger und wehrhafter gebaut als die Klöster. Wo die Mauern und das Gelände es erlaubten, wurden kleine, verschieden gestaltete Gärtlein aneinander gereiht und durch feine Gitter, Tore und Hecken voneinander getrennt.

Der Außenraum einer Burganlage war äußerst beschränkt. Unterteilung ist eine gestalterische Maßnahme, durch die Räume und Flächen größer wirken. Wir finden sie auch im chinesischen Garten, wo die Bereiche durch Wege, Wasserläufe und Pflanzengruppen oder durch innere Mauern abgetrennt werden.

Nach Möglichkeit lagen die geschützten Gärtlein der Burganlage in der Nähe der Frauengemächer. Sie bestanden aus zahlreichen Einzelelementen wie Bäume, häufig Linde und Nussbaum, Bäumchen in Keramiktöpfen, Blumen, Rasenbänken und mit Wein oder Rosen berankte Gartenlauben. Einige davon, wie Blumen und Heilkräuterbeete, rührten aus der antiken Tradition; andere Motive, wie Irrgärten aus immergrünen, geschnittenen Hecken, Tiergehege und Vogelvolieren waren bereits Vorläufer für die nachfolgenden Epochen. Das Wasser war in Form eines Brunnens oder einer Quelle vorhanden. Es gab keine eigentlichen Wege, man ging über den Rasen – eine unmögliche Vorstellung für den Gestalter eines chinesischen Gartens.

Viele Burgen waren aus strategischen Überlegungen auf Felsvorsprüngen, Kuppen oder an abschüssigen Hängen gebaut. Denken wir an das Sha dieser windigen, exponierten Lagen, erscheint uns die feine Gliederung der Hof- und Gartenanlagen als ein im Sinne des Fengshui guter und sinnvoller Ausgleich. Durch die Begrenzungen und die Kleinmaßstäblichkeit wird das Qi gehalten und verlangsamt.

Renaissancegärten (1450 bis 1650)
Im 15. Jahrhundert, gegen Ende des Mittelalters, wurden die Zeiten allmählich ruhiger und friedlicher. Die Festungsmauern und Schutzwälle verloren ihre Funktion. Auch in der Kunst und Wissenschaft zeigte sich eine Öffnung zur Außenwelt. Der große Schritt zum freieren, heiteren Renaissance-Denken wurde von italienischen Dichtern, Künstlern und Architekten eingeleitet. Er wirkte sich entscheidend auf die Gestaltung der Gärten aus, die zunehmend Yang-Qualitäten zeigten. Die Aussicht und die Öffnung zur Landschaft hin wurden wichtig. Häuser und Gärten der Fürsten und Adligen lagen auf Hügeln oder an erhöhter Lage in der Nähe bedeutender Städte wie Florenz, Rom oder Genua.

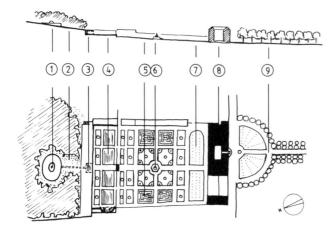

Schnitt

Grundriss
1 Wasserreservoir
2 Wäldchen und Wiese
3 Stützmauer mit Grotte
4 Wasserbecken
5 Heckenlabyrinthe
6 Springbrunnen
7 Rasenterrasse
8 Herrenhaus
9 Zufahrt

Entwurf eines toscanischen Gartens der Frührenaissance, tlw. verändert
Quelle: H. Keller, »Kleine Geschichte der Gartenkunst«

Gebäude und Garten wurden zu einer Gesamtanlage mit einheitlicher Formensprache und die für das Gebäude verwendeten Quadrate, Rechtecke und Kreise fanden auch im Garten Anwendung. Das Gelände erhielt, vom Haus ausgehend, eine Längs- und mehrere Querachsen und Terrassierungen mit massiven und geradlinigen Stützmauern. Der Garten zeigte, gleich dem Haus, eine geometrische, Yang-betonte Grundstruktur, was dem Gestaltungsprinzip chinesischer Gärten widerspricht. Das chinesische Haus mit seinen geometrischen Formen verkörpert die Yang-Seite, sein Garten stellt die ausgleichende Yin-Seite dar und zusammen bilden sie eine Ganzheit. Jede Symmetrie wird vermieden, die Formen sollen sanft und der Natur nachempfunden sein.

Im Renaissancegarten hingegen finden wir das Spiel von Yin und Yang in der unterschiedlichen Gestaltung der einzelnen Gartenbereiche. Als Gesamteindruck tritt gegenüber dem Mittelalter die Yang-Qualität immer mehr in den Vordergrund, die ausgleichende Yin-Energie erscheint dagegen in Form von Akzenten. Kühle Grotten, schattige Heckenlabyrinthe, naturnahe Wäldchen, Wasserkaskaden durchziehen und begleiten die dominanten geometrischen Formen.

In der Nähe des Hauses lagen in strenger Ordnung Blumen- und Kräutergärtchen, von Mäuerchen oder niedrigen Buchshecken umschlossen, oder eine in geometrische Muster gegliederte Rasenterrasse. Von hier konnte der Blick weit in die Landschaft schweifen. Darauf folgte ein weiterer Bereich mit regelmäßig angeordneten, immergrünen Hecken und Heckenlabyrinthen. Im hinteren Gartenteil befanden sich ein Wäldchen mit frei wachsenden Bäumen und häufig eine Blumenwiese, die von einem Wasserkanal durchzogen war. Sie bildeten den Abschluss des Gartens. Diese feine Abstufung vom Haus bis zum Ende des Gartens schafft einen allmählichen Übergang von der gebauten Umgebung zur freien Natur und trägt zu einem natürlichen Qi-Fluss bei.

Wasser trat, in eckigen Steinbecken gefasst als Brunnen und in plätschernden Wasserkaskaden in Erscheinung. Anfangs wurde es sparsam eingesetzt, fand aber später eine immer vielseitigere und verschwenderischere Verwendung. Betrachten wir Wasser im Sinne des Fengshui, als Sinnbild der Lebensenergie, erkennen wir in seinem spielerischen Einsatz die freiere und lebensbejahende Geisteshaltung der Renaissance.

Im Renaissancegarten finden wir oft eine starke »Schildkröte« und einen schillernden »Phönix«, was im Fengshui als gute Voraussetzung gilt. Dank der natürlichen Hanglage und der Stützmauern ist der Rücken immer geschützt, der Blick bleibt unbehindert und kann in die Ferne schweifen. Im nördlichen Europa hingegen waren die Gärten häufig in der Ebene angelegt. Nach mittelalterlichem Vorbild wurden die Schlösser zum Schutz mit einem Wassergraben umgeben, was eine Trennung von Gebäude und Garten zur Folge hatte.

Zu Beginn der Epoche wirkten die einzelnen Gärtchen, Terrassen und Gebäude in sich geschlossen und aneinander gereiht, weil die verbindende Längsachse noch fehlte. Im Laufe der Hochrenaissance wuchsen Schloss und Gartenraum mehr und mehr zu einer Einheit zusammen und stellten gegen Ende der Epoche ein formdurchdachtes Ganzes dar.

Der Barockgarten (1650 bis 1750)
Die Zeit des Barocks war geprägt durch die absolute Macht der Herrscher. Diese zeigte sich in Machtdemonstrationen, Hang zur Repräsentation und einem ausschweifenden Hofleben, und stand in krassem Gegensatz zur Rechtlosigkeit, Armut und zum Elend breiter Bevölkerungsschichten.

Der Barockgarten ist das Abbild dieser Alleinherrschaft. Er nahm seinen Anfang in Italien und stellte die konsequente Weiterentwicklung des italienischen Renaissancegartens dar. Er erreichte seinen Höhepunkt zur Zeit des Absolutismus in Frankreich, deshalb ist der Barockgarten auch als Französischer Garten bekannt. Schloss und Garten wurden als Gesamtkunstwerk gestaltet und nahmen enorme Ausmaße an. Sie spiegelten das

Spielereien, Träume und Sehnsüchte

In den Gärten aus der Renaissance- und Barockzeit finden wir zahlreiche Motive, die in uns den Bereich »See« des Bagua anklingen lassen. Dieser spricht das Kind in uns an und versinnbildlicht die Energien, die mit Lust, Vergnügen und Kreativität zu tun haben.

Renaissance:
Das kunstvolle Herausschneiden vielerlei Figuren aus immergrünen Gehölzen war ein beliebter Brauch aus dem römischen Altertum, der im Mittelalter weitergeführt und bis in die Frührenaissance mit besonderem Eifer gepflegt wurde. Es entstanden grünpelzige Riesen, Schiffe, Tempel, Frauen, Männer und Tiere. Im Verlauf der Hochrenaissance ersetzten Steinstatuen diese Heckenfiguren und der Brauch verebbte.

In den zur Terrassierung errichteten Stützmauern waren häufig geheimnisvolle Grotten eingefügt, die mit Kiesel- und Muschelmosaiken, phantastischen Figuren und Gestalten aus der antiken Mythologie reich ausgestattet waren.

Barock:
Innerhalb der hohen Hecken des Barockgartens entstanden einzelne, grüne Räume, die man in Anlehnung an das Schlossinnere »Salon«, »Saal« oder »Kabinett« nannte. Sie enthielten verschiedene, nach Lust und Laune auch schnell wechselnde Einrichtungen zur Unterhaltung, wie Schaukeln, Wippen, romantische Lauben, Wasserspiele oder Heckenlabyrinthe.

Auf den großen Kanälen im Park wurde zum Zeitvertreib mit Booten gefahren, in Versailles hatte man dazu sogar venezianische Gondoliere aufgeboten. Wasserturniere und Wasserschlachten mit einer eigenen Gartenflotte fanden statt.

Im Park von Versailles entstand an der Stelle des ehemaligen Dörfchens Trianon ein Teehaus à la chinoise, wohin sich der König zuweilen am Nachmittag zurückzog. Durch Berichte französischer Missionare war die chinesische Kunst in Mode gekommen und das Sammeln originaler Chinoiserien sehr beliebt. Häufig ahmte man in eigener Produktion die Fayencen in Weiß und Blau nach, mit denen das Teehaus reich dekoriert wurde und den Namen »Trianon de porcelaine« erhielt. Dies war jedoch nur ein kurzer modischer Rausch. Nach einigen Jahren wurde das Teehaus abgerissen und ein Sommerhaus in Marmor erstellt.

Yang-betonte Lebensgefühl einer machtvollen Beherrschung der Natur durch den Menschen wider. Die Landschaft musste seinen Vorstellungen angepasst werden. Ganze Dörfer wurden evakuiert und dem Boden gleichgemacht, um Platz zu schaffen für die ausgedehnten Gartenanlagen. Berge wurden abgetragen und große ebene Flächen entstanden.

Auch der chinesische Gartengestalter verändert die vorhandenen Gegebenheiten. Er ist aber immer darauf bedacht, eine ideale Natur darzustellen. Er modelliert das Gelände und lässt künstliche Hügel entstehen. Er vermeidet große, ebene Flächen, weil in ihnen Yin und Yang nicht ausgeglichen sind und das Qi nur spärlich fließt. Sie widersprechen auch seinem ästhetischen Empfinden.

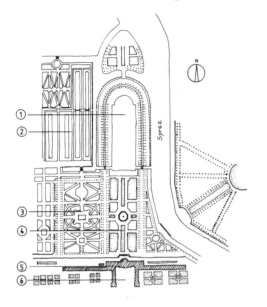

1 Karpfenteich
2 Die Spielanlagen
3 Das westliche Boskett
4 Das Parterre
5 Schloss
6 Schlossplatz

Schlosspark Charlottenburg, Berlin nach einem Entwurf von 1740, teilw. verändert
Quelle: C.A. Wimmer. »Die Gärten des Charlottenburger Schlosses«

Das Schloss war der Mittelpunkt der barocken Gartenanlage. Es nahm nicht genau die geometrische Mitte ein, lag aber an einer zentralen Stelle, von wo man alles überblicken konnte. Auf der Gartenseite des Hauptgebäudes befand sich ein oft tiefer liegender, offener Platz, genannt Parterre. Die Ausgestaltung des Parks erreichte in der Nähe des Schlosses ihren Höhepunkt. Reichgeschmückte Parterres, viele Statuen, Steinvasen und das plätschernde Geräusch des reichlich verwendeten Wassers in den Becken, Brunnen oder Fontänen entfalteten eine dekorative Pracht. In den angrenzenden Bereichen und weiter zu den Rändern des Parks hin nahmen die künstlerischen und gärtnerischen Details ab. Dies symbolisierte eine beabsichtigte Rangordnung, die auch das Hofleben bis ins Kleinste durchzog.

Die überbordende Yang-Energie dieser Epoche zeigt sich in der strengen, übersichtlichen und alles beherrschenden Konzeption der barocken Gartenanlage und der Vielfalt der verwendeten Gestaltungselemente. Sogar das Wort »Barock« weist auf das verlorene Gleichgewicht hin. »Baroco« bedeutet etwas Übertriebenes, Schwülstiges. Die Bezeichnung wurde seinerzeit in Frankreich als Schimpfwort verstanden und vermieden. Stattdessen sprach man vom »style classique«.

Auch das Wasser wird im Barockgarten in Formen mit deutlichen Yang-Qualitäten gezeigt. Eckige Becken, gerade Kanäle, geometrische Brunnenformen unterbinden seine natürliche, freie Bewegung. Springbrunnen und eindrucksvolle Fontänen treiben das Wasser entgegen seiner natürlich fallenden Fließrichtung nach oben. Wie bei einem Wasserfall wird die Luft mit negativen Ionen aufgeladen und dadurch die Umgebung energetisiert.

Das offene Parterre war häufig mit symmetrisch angeordneten Blumenbeeten, Rasenflächen, Sand- oder Kieswegen ausgestattet. Niedere Buchsbaumhecken umrahmten die einzelnen Flächen, während seitlich des Parterres hohe, meist immergrüne und als Mauern geschnittene Hecken aufragten. Hier, in den sogenannten Boskett's, entstanden kühle, schattige Räume, die zum Rückzug einluden, wo intime Gespräche stattfanden oder ein heimlicher Kuss ausgetauscht wurde. Diese Yin-Inseln schufen einen angenehmen Kontrast zu den großen, offenen und im Sommer auch sehr heißen Hauptbereichen des Gartens.

Die geometrische Struktur des repräsentativen Schlossgebäudes setzt sich im Garten fort. Eine breite Hauptachse führt über die Zufahrt und den Eingangsbereich gewissermaßen durch die Mitte des Schlosses hindurch. Sie setzt sich im Hauptteil des Gartens fort und führt weit in die Landschaft oder in die Stadt bis zu einem Blickpunkt, der als Statue, Obelisk oder Gebäude den Abschluss bildet. Die Querachsen sind in ihrer Anordnung etwa einer langen Zimmerflucht im Schloss vergleichbar. Der waldartige Park in den Randbereichen ist ebenfalls von alleeartigen, geradlinigen Wegen durchzogen. Gemäß Fengshui werden die Energien auf langen, geraden Wegen zu schnell und Sha entsteht. Auf den Achsen und geradlinigen Weganlagen eines Barockgartens kann das Qi nicht gemächlich fließen. Sie werden jedoch immer wieder unterbrochen durch Fontänen, Skulpturen oder Gartenbeete. Diese wirken wie Wirbel in einem schnellen Fluss und tragen zur Besänftigung des Sha bei.

In Frankreich entwickelte sich der barocke Repräsentationsgarten bis zu seiner Vollendung. Obwohl Versailles das große Vorbild war, entstanden an den Fürstenhöfen in Deutschland und England Gärten mit eigener Prägung, wobei sie auch von Italien und Holland beeinflusst wurden. In England allerdings fand der französische Gartenstil wenig Anklang, da sein verschwenderischer Luxus der puritanischen Lebensart der Engländer dieser Zeit zuwider war. Ihre Gärten blieben schlicht und einfach, mit Rasenflächen, breiten Wegen und wenigen Blumen.

Der Englische Landschaftsgarten (1730 bis 1870)
Das Übermaß an Machtdemonstration und Prunk der Barockzeit rief zwangsläufig die Gegenströmung hervor. Ausgehend von den Niederlanden und England begann Ende des 17. Jahrhunderts eine Neubesinnung, die sich im 18. Jahrhundert auch im restlichen Europa durchsetzte. Der Glaube an die Vernunft, an die Kraft der Bildung und an das Recht auf Freiheit und Entfaltung führte zu einem neuen Selbstbewusstsein und Naturverständnis. Autoritätsbezogene Denkweisen wurden kritisiert und das architekto-

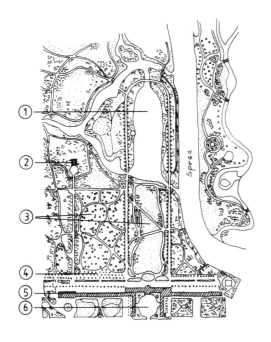

1 Karpfenteich
2 Mausoleum
3 Wiesenflächen mit Einzelbäumen und Strauchgruppen
4 Baumhain
5 Schloss
6 Schlossplatz

Schlosspark Charlottenburg, Berlin nach einem Entwurf um 1833, tlw. verändert
Quelle: C.A. Wimmer, »Die Gärten des Charlottenburger Schlosses«

nische Prinzip des barocken Gartenstils als »Vergewaltigung des Individuums« empfunden.

Der Mensch begann die Komplexität und Ganzheit einer Landschaft zu begreifen und die freie, unberührte Natur in ihrem ästhetischen Wert, aber auch im ethischem Sinne zu achten. Diese neue, Yin-betonte Grundhaltung äußerte sich in einem eher passiven Abwarten und introvertierten, ruhigen Beobachten der Natur und spiegelte sich alsbald in der Gestaltung der Gärten.

Interessanterweise wurde die Entwicklung des landschaftlichen Stils von zeitkritischen, englischen Schriftstellern, Malern und Künstlern entscheidend beeinflusst. Sie betrachteten Dichtung, Malerei und Gartenkunst als einen gesamtkünstlerischen Bereich und forderten, dass ein Gärtner idealerweise auch Maler sein sollte. Man bewertete die Naturschönheit und die künstlerische Schönheit als nahezu identisch und sah keinen grundsätzlichen Unterschied mehr zwischen dem von Menschenhand gestalteten Garten und der frei gewachsenen Natur.

Von allen historischen Gartentypen in Europa erkennen wir im Landschaftsgarten wohl die größte Übereinstimmung mit den Fengshui-Prinzipien eines chinesischen Gartens. Dies ist nicht erstaunlich, denn durch Missionare und Handelsreisende fanden in dieser Zeit viele Ideen aus China Eingang in das europäische Denken und beeinflussten auch die Gestalter der Englischen Landschaftsgärten. Auch hier finden wir die Absicht, nach dem Vorbild der natürlichen Landschaft ein Kunstwerk zu erschaffen. Die Natur wird überhöht und idealisiert dargestellt. Der Boden wird mit Rücksicht auf vorhandene Senken und Erhebungen sanft modelliert. Die gewundenen Wege schmiegen sich an das Gelände an und lassen nur ein kurzes Stück überblicken. Baum- und Strauchgruppen werden so angeordnet, dass der Garten nicht als Ganzes in Erscheinung tritt. Durchwandernd erlebt der Betrachter immer neue Ausschnitte des Gartens, der dadurch erlebnisreicher und größer wirkt.

Die Formensprache des Landschaftsgartens ist bewegt und malerisch. Auf die Ausschmückung durch Blumen wird größtenteils verzichtet. Bäume und Sträucher sind vorwiegend einheimisch und werden in ihrer natürlichen Wuchsform belassen. Wasser erscheint grundsätzlich in freier, lebendiger Form: natürlich wirkende Teiche und Seen mit großzügiger Ufergestaltung, mäandrierende Bachläufe und naturnahe Wasserfälle. Diese weichen und fließenden Formen verleihen dem Garten eine eindeutige Yin-Ausstrahlung. Er bildet wiederum den Gegenpol zum klassizistischen Gebäude, das in seiner streng geometrischen Erscheinung die Yang-Seite darstellt.

Das Spiel zwischen Yin und Yang äußert sich aber auch innerhalb des Gartens. Die leeren, weiträumigen Rasenflächen treten mit dichten, waldartigen Gehölzpflanzungen und großen, einzeln stehenden Bäumen in eine spannungsvolle Wechselbeziehung. Für die Bäume werden häufig Arten gewählt, die, wie beispielsweise die Trauerweide, durch ihre weichen, hängenden Formen die Yang-Ausstrahlung eines Baumes in der offenen Landschaft wiederum abschwächen.

Im chinesischen Garten erinnern verwitterte Steinblöcke den Betrachter an die Vergänglichkeit des Lebens. Im Landschaftsgarten finden wir für den Stein eine ähnliche Verwendung. Mit Vorliebe wurden Gebäude von Anfang an als Ruinen gebaut und als verwilderte, von Grün überwucherte Zeugen vergangener Zeiten dargestellt.

Trotz seiner inneren Verwandschaft mit dem chinesischen Garten finden wir im Landschaftsgarten aber auch abweichende Gestaltungsideen. Obwohl beide die Einheit von Landschaft und Garten anstreben, ist die Umfassungsmauer eines der wichtigsten Merkmale eines chinesischen Gartens. Sie ist die sichtbare Grenze einer in sich abgeschlossenen Inszenierung der Natur. Umgebende Landschaften werden zur Untermalung und als bewusst eingesetzter Hintergrund miteinbezogen. Im Landschaftsgarten hingegen sollen die Grenzen nicht in Erscheinung treten, Zäune und Mauern werden am Ende des Gartens in einem Graben versenkt.

Ausgehend von England verbreitete sich der Landschaftsgarten auf dem gesamten europäischen Kontinent. Er entstand meist an Herrenhäusern und Schlössern. Gesamte Landbesitze wurden nach den landschaftlichen Prinzipien neu gestaltet oder bestehende Anlagen verändert. Dabei entstanden oft Gärten mit zwei Gesichtern. Sie enthielten die früheren, barocken Gartenbereiche wie auch die neuen landschaftlichen Teile. Später wurde der Landschaftsgarten auch in Form von Volksparks, ohne Hauptgebäude, in großen Städten angelegt.

Gärten, die Geschichte machten
(vom Mittelalter bis Ende des 19. Jahrhunderts)

Kloster- und Burggärten im Mittelalter (ca. 800 n.Chr. bis Ende 13. Jahrhundert)
- Klosterplan von St. Gallen (CH)

Renaissancegärten (1450 bis 1630)
- Villa Medici in Castello (Toskana) (I)
- Boboli Gärten in Florenz (I)
- Villa d'Este, Tivoli bei Rom (I)
- Villa Lante in Bagnaia, bei Viterbo (I)
- Schloss Amboise (Loire) (F)
- Schloss Blois (Loire) (F)
- Park von Villandry (Loire) (F)
- Heidelberger Schlossgarten (Hortus Palatinus) (D)
- Schloss Ambras, Tirol (A)

Barockgärten (1630 bis 1750)

Schlossanlagen:
- Vaux-le-Vicomte (F)
- Versailles (F)
- Hannover – Herrenhausen (D)
- Kassel – Wilhelmshöhe (D)
- München – Schleissheim (D)
- Nymphenburg, München (D)
- Charlottenburg, Berlin (D)
- Potsdam – Sanssouci (D)
- Schönbrunn, Wien (A)
- Belvedere, Wien (A)

Englischer Landschaftsgarten (1750 bis 1870)
- Parks von Blenheim (b. Woodstock) und Stowe (GB)
- Kewgarden, London (GB)
- Wörlitzer Park bei Dessau (D)
- Garten Schönbusch bei Aschaffenburg (D)
- Englischer Garten, München (Volkspark) (D)
- Nymphenburger Park, München (umgest.) (D)
- Schlosspark Charlottenburg, Berlin (umgest.) (D)
- Tiergarten, Berlin (umgest.) (D)
- Pfaueninsel, Klein-Glienicke, Babelsberg bei Berlin (D)
- Rieterpark, Zürich (CH)

Gärten in der Vor- und Nachkriegszeit (1900 bis ca. 1960)
Gegen Ende des 19. Jahrhunderts fand die große Epoche des Landschaftsgartens allmählich ihren Ausklang. Die einst heftig und eifrig verfochtenen Ideale des natürlich-malerischen Gartenstils, die eine innere Haltung gegenüber der Natur ausdrückten, wandelten sich mehr und mehr zu rein formalen Stilmitteln. Gleichzeitig machte sich aber eine zunehmende Unsicherheit breit. Die jüngsten Entwicklungen und Probleme der Zeit – rasantes Wachstum der Großstädte, Industrialisierung und gesellschaftliche Veränderungen – verlangten nach neuen Ideen und Lösungen.

Der Architekturgarten
Bei der Entwicklung des Architekturgartens Anfang des 20. Jahrhunderts fand eine Rückbesinnung auf altbewährte Gestaltungsprinzipien in der Tradition des Barockgartens statt. Die ersten Architekturgärten entstanden auf den Villengrundstücken der Industriellen, den Königen des Industriezeitalters. Sie erhielten ihren Namen, da sie anfangs von Architekten entworfen wurden. Yang-betonte Qualitäten, wie Ordnung und Klarheit, standen wieder im Vordergrund. Neu allerdings war der Anspruch nach Echtheit und Funktionstüchtigkeit bezüglich Material und Form. Die »geistlosen« Verzierungen des landschaftlichen, malerischen Stils fanden scharfe Kritik und wurden ganz aus den Gärten verbannt.

Der Garten galt als Erweiterung des Hauses, die Natur musste im architektonischen Rahmen neu geordnet und dem Haus angepasst werden. Es gab eine klare Ordnung mit Mauern, Terrassen und Treppen. Bunte Blumenbeete standen im Gegensatz zu immergrünen, beschnittenen Hecken. Die Wege waren rechtwinklig geführt, Plätze und Wasserbecken viereckig. Vor allem die Bauherren wünschten mit Vorliebe die Rekonstruktion historischer Formen und neigten zur Repräsentation ihrer Gärten im Stil des barocken Herrschergefühls. Gleichzeitig aber sollte der Garten durch seine Naturkraft dem Menschen zu Erholung und Wohlbefinden verhelfen. Schließlich setzte sich eine funktionalistische Formensprache gegenüber der Nachahmung alter, historischer Stile durch, die wenig Raum für Naturnahes ließ.

Der Wohngartenstil
Bereits wenige Jahre später war man der strengen Richtlinien des Architekturgartens überdrüssig und ging in den dreißiger Jahren wie selbstverständlich zum Wohngartenstil über. Der Garten hatte endgültig seine Stellung als Luxusgut und Repräsentationsobjekt einer kleinen bürgerlichen Oberschicht verloren und war in erster Linie zur Gesunderhaltung und als Freizeitraum für eine breite Bevölkerung gedacht. Er sollte benutzbar sein und die Funktion des Wohnens erfüllen.

Die Natur ums Haus kam wieder mehr zur Geltung. Die Formen von Rasenflächen, Blumenbeeten, Bäumen, Sträuchern und Wasser wurden bewegter, kurvenreicher und somit Yin-betonter. Die bisher rechtwinkligen Wege erschienen wieder in freier Form. Plattenbeläge lösten sich durch breite Rasenfugen in einem lockeren Verband auf oder verliefen sich schließlich ganz in der Wiese.

Haus und Garten bildeten bewusst die Gegenpole. Die geometrisch-architektonischen Formen blieben dem Haus und der freie, malerische Stil dem Garten vorbehalten. Allerdings wurde ein fließender Übergang zwischen dem Innen- und Aussenraum angestrebt. Wände mit großen Verglasungen holten die Natur ins Haus, Dachterrassen, Balkone und Wintergärten schufen verbindende Zwischenräume.

Unser Jahrhundert zeichnet sich in Europa durch eine zunehmend liberale und demokratische Gesellschaft aus, in der sich die Machtverhältnisse gegenüber früheren Zeiten in weniger hierarchischer Form zeigen. Große, bestehende Park- und Gartenanlagen wurden von öffentlichen, gemeinnützigen oder privaten Institutionen übernommen oder neu von ihnen erstellt. Während immer weniger Bauherren sich die Anlage und den Unterhalt großer Gärten leisten konnten, entstanden zunehmend viele kleinere Privatgärten. Sie bedeuteten für jeden einzelnen Besitzer einen Ort der Selbstdarstellung und Selbstverwirklichung. Gefragt war nicht mehr eine bestimmte Formensprache oder Stilrichtung wie in historischer Zeit, sondern die Schaffung einer eigenen, intimen Privatsphäre. Vor diesem Hintergrund entwickelte sich der moderne Hausgarten mit einer Vielzahl von Gestaltungsansätzen.

In der zweiten Hälfte unseres Jahrhunderts entstanden zahlreiche weitere Gartenschöpfungen, wie öffentliches Stadtgrün, Kleingartenanlagen, Kinderspielplätze, Friedhöfe und vieles mehr. Im Folgenden wollen wir uns auf die beiden Grundtypen des Privatgartens – den Ziergarten und den Naturgarten – beschränken.

Gärten heute

Der Ziergarten

Seit etwa Mitte der fünfziger Jahre ist die Gartenlandschaft in den Städten, später auch in ländlichen Gebieten, geprägt vom Typ des Ziergartens. Er wird in erster Linie als erweiterter Wohnraum angesehen, der nebenbei etwas Betätigung im Freien ermöglicht und gegebenenfalls das Bedürfnis im Umgang mit Erde und Pflanzen stillt. In der heutigen Zeit mit ihren zahlreichen verlockenden Freizeitangeboten ist allerdings die Lust auf Gartenarbeit nicht immer vorhanden und so rückte der Wunsch nach Pflegeleichtigkeit zunehmend in den Vordergrund. Auch war die Anlage und Bewirtschaftung eines Nutzgartens keine existentielle Notwendigkeit mehr und lediglich als Hobby zur

Freude am Säen, Gedeihen und Ernten von Bedeutung. Die im Zuge allgemeiner Industrialisierung aufblühende Gartenindustrie fand ein weites Betätigungsfeld und übt bis heute einen maßgebenden Einfluss auf die Gestaltung der Gärten aus. Trotz individueller Eigenheiten jedes Gartens zeigte sich in Städten und Siedlungen überall das gleiche Bild: pflegeleichte Rasenflächen, immergrüne Hecken, ausgedehnte Bodenbegrünungen, fremdländische Koniferen in unterschiedlichsten Formen und blau-grün-grauen Farbtönen, exotische Gehölze und darüber hinaus eine großzügige Verwendung vielerlei Arten von Giften, um unerwünschtes Unkraut und Ungeziefer fern zu halten.

Die Gestaltung der Gärten bestand häufig in einer Aneinanderreihung von Produkten und fertigen Bildern, wie sie im Gartencenter angeboten wurden: die rustikal anmutende Laube, der japanische Steingarten, die chinesische Meditationsecke und der praktische Grillplatz mit Zubehör.

Auch wenn diese Ansammlung von Stilmitteln und Geschmacksrichtungen in manchen von uns Vorbehalte wecken mag, bedeutet dies nicht, dass mit diesen Produkten kein Garten nach Fengshui-Kriterien gestaltet werden kann. Fengshui wertet keine Gestaltungsmittel, sondern handelt von Prinzipien. Es beschäftigt sich mit der Ausgewogenheit von Yin und Yang, dem Energiefluss, dem Zusammenspiel von Formen, Farben, Materialien und deren optimalen Plazierungen. Darüber hinaus gibt es aber weitere Überlegungen zur Planung und Pflege eines Gartens, welche die Wahrung der Gleichgewichte auf formaler Ebene überschreiten. Sie betreffen die Einstellung des Menschen zur Natur und die Frage des ökologischen Gleichgewichtes in einem Garten. Aufgrund dieser Gedanken entwickelten sich zu Beginn der siebziger Jahre die Naturgärten.

Der Naturgarten

Die Naturgarten-Bewegung ist einerseits die Antwort auf den vom Kommerz beherrschten, oberflächlichen Umgang mit der Natur und andererseits wohl als Gegenreaktion auf unseren oft streng strukturierten, hektischen Berufsalltag zu verstehen. Der Naturgarten weist im Vergleich zum Ziergarten hinsichtlich seiner Gestaltung und der menschlichen Einstellung zur Umwelt in eine eindeutige Richtung. »Man soll wachsen lassen, was wächst, und menschliche Eingriffe auf das Allernotwendigste beschränken – die Natur ordnet sich schon selbst« schreibt einer der Pioniere des Naturgartens, Louis G. Le Roy, im Jahre 1973. Diese Haltung gegenüber Natur und Landschaft erinnert an die Denkweise der Aufklärung zur Zeit des Englischen Landschaftgartens, als J. J. Rousseau seinen bekannt gewordenen Aufruf »Zurück zur Natur« verfasste. Bei genauerer Betrachtung jedoch wird offenbar, dass sich die Zeiten geändert haben. Während im Landschaftsgarten des 19. Jahrhunderts die Natur in ihrer malerischen Schönheit eher bildhaft nachgeahmt wurde, stehen beim Naturgarten zumindest in seiner Anfangsphase weniger die gestalterischen Fähigkeiten als vielmehr das Funktionieren des ökologischen Systems im Vordergrund. Die Verfechter des Naturgartens wollen daran mitwirken, das heute gestörte Gleichgewicht der Natur wieder ins Lot zu bringen, wenn auch in bescheidenem, privaten Rahmen.

Im Verlauf dieser Öko-Bewegung haben sich aber noch andere Beweggründe für naturnahe Gärten herauskristallisiert. Viele Menschen fühlen sich von dieser Haltung gegenüber der Natur angezogen – eine eher rücksichtsvolle, sanft lenkende Art im Sinne von »leben und leben lassen«, die ihrem persönlichen Lebensgefühl mehr entspricht als die Ziergarten-Mentalität. Sie empfinden darüber hinaus die naturnahe Art der Gestaltung sowie die einheimische Pflanzenwahl als ästhetisch ansprechender. Andere bevorzugen in einem mehr praktischen Sinn den geringeren Pflegeaufwand und die allgemeine Reduktion der Unterhaltskosten. Wieder andere entwickeln sich gemeinsam mit ihrem Naturgarten zu begeisterten Kennern der heimischen Flora und Fauna und sind der Meinung, dass ein richtiger Naturgarten mit Recht viel Zeit und Sorgfalt beansprucht. Die vielfältigen Meinungen zeigen, wie weit gefasst heutzutage die Begriffe »Natur« und »Garten« sind.

Ein Naturgarten ist aber noch keine Garantie für ein gutes Fengshui. Auch hier können die Wege ungünstig auf das Haus zulaufen, zu lang und zu gerade sein, das Wasser kann sich am falschen Ort befinden und der Kompost in einer ungeeigneten Ecke liegen. Der Naturgarten besitzt jedoch aufgrund vieler seiner Elemente beste Voraussetzungen für ein gutes Fengshui, insbesondere einen lebhaften Qi-Fluss. Die natürlichen Kreisläufe werden berücksichtigt, Übergänge sind weich und fließend, zahlreiche Tiere finden im Garten ihren Lebensraum.

Das Pendel der Zeit
Was hat uns die Betrachtung der Geschichte mit der Fengshui-Brille gebracht? Sie führt uns zu der interessanten Beobachtung, dass die Beständigkeit in der Gartengeschichte Europas einzig in ihrem ständigen Wandel liegt.

Jede Epoche kennt ihren eigenen Gartenstil und ihre typischen Gestaltungselemente. Meistens rufen die prägenden Tendenzen einer Epoche in der nächstfolgenden genau die Gegenreaktion hervor, um dann später in abgewandelter Form abermals zu erscheinen. Die Abfolge erinnert an die Bewegung eines Pendels. Im Verlaufe der Jahrhunderte werden Landschaften geebnet und später wieder sanft modelliert, wird die Natur beherrscht und ihr dann erneut freier Lauf gelassen. Strenge, geometrische Strukturen wechseln sich mit freien, fließenden Formen ab, gerade Achsen mit gewundenen Wegen. Wasser erscheint in geraden Kanälen und eckigen Becken, dann wieder als natürlicher Teich und Wasserfall. Bäume und Sträucher werden in von Menschen erdachten Formen geschnitten und dürfen später wieder frei wachsen.

Yin und Yang in historischen Gärten

In der Gestaltung eines Gartens treten die beiden Urkräfte Yin und Yang auf sehr verschiedene Weise in Erscheinung. Betrachten wir die historischen Gärten Europas, lassen sich aber die beiden gegensätzlichen Tendenzen gut erkennen.

Yang

- Formen: streng, geradlinig, geometrisch, architektonisch
- Symmetrie, Axialität
- Klare Begrenzungen
- Wege: geradlinig, auf Achsen bezogen
- Überblick, gute Überschaubarkeit
- in Form geschnittene Hecken und Einzelbäumchen, niedere Heckeneinfassungen, geometrisch gestaltete Plätze
- Wasser stark bewegt: Fontäne, Wasserkaskaden, Wasserfälle, schnell fließendes Wasser in geraden Kanälen
- Machtdemonstration, Repräsentation
- Klarheit, Ordnung, Gesetzmäßigkeit

Yin

- Formen: frei, bewegt, geschwungen
- unterschiedliche Gartengrundrisse, vielfältige Raumgliederung
- Fließende Übergänge, strukturelle Vielfalt
- Wege: frei geführt, geschwungen
- Begrenzte Überschaubarkeit, Überraschungsmomente
- natürlich wachsende Bäume, weiträumige Rasen- und Wiesenflächen
- Wasser ruhig: Teiche, Seen, gemächlich fließende Flüsse und Bäche
- Muse, Erkenntnisprozess, Beobachtung
- Natürlichkeit, Individualität

Betrachten wir die Gartengeschichte dieses Jahrhunderts, fällt uns die Schnelllebigkeit unserer Zeit auf. Wie in einem Zeitraffer stellt sich die europäische Gartengeschichte der vorigen Jahrhunderte in abgewandelter, aktueller Form erneut dar. Die Ausschläge des Pendels, die in der Geschichte hundert bis hundertfünfzig Jahre dauerten, verdichten sich nun auf wenige Jahrzehnte. Die Bewegungen werden schneller, kürzer und undifferenzierter. Doch lassen sich in den heutigen Gestaltungsideen gewisse Elemente der großen, früheren Epochen wiedererkennen und die Fengshui-Überlegungen wiederholen. Die Ästhetik einer chinesischen Gartenanlage ist untrennbar mit dem Fengshui verbunden. In den europäischen Gärten finden wir einzelne Gestaltungselemente, sogar ganze Stilrichtungen, die sich mit den Prinzipien des Fengshui nur schwer oder gar nicht vereinbaren lassen. Andererseits erkennen wir auch Stile und Ideen, die denen des Fengshui ziemlich nahe kommen und doch sehr westlich sind.

Die Schildkröte erreicht das Abendland

Lange war die kleine Schildkröte unterwegs. Vieles sah sie auf ihrer Wanderung. Grosse Wälder verschwanden, ganze Völker wanderten in Richtung Westen und riesige Städte wuchsen aus dem Boden. Die Menschen umspannten die Erde mit Eisenbahnen und Telefonlinien. Sie flogen sogar auf den Mond.

Die Schildkröte hatte das Abendland erreicht. Viele Menschen kamen zu ihr und bestaunten ihren Panzer.

Der eigene Garten, das eigene Haus

Unser kleines Universum
Unsere Umgebung prägt und beeinflusst unser Leben. Ob wir auf dem ruhigen Land oder in der pulsierenden Stadt leben, in einem großen Haus mit romantischem Garten, oder in einem kleinen Zimmer mit liebevoll gepflegten Zimmerpflanzen wohnen, immer ist es unser Zuhause. Dorthin können wir uns zurückziehen und uns selbst sein. Es ist unsere eigene kleine Welt, die uns weit mehr als nur Schutz vor Regen, Hitze, Kälte und unliebsamen Eindringlingen bietet. Irgendwo zu Hause sein, ist ein Grundbedürfnis des Menschen, wie bescheiden seine Lebensbedingungen auch sein mögen.

Ist unser Körper die Wohnung unserer Seele, dann sind Haus und Garten weitere Hüllen. Innere Wandlungen eines Menschen lassen sich an seiner Wohnumgebung ablesen. Wenn im Kinderzimmer die Tierbilder und Mickey Mouse-Figuren an den Wänden Rockstars weichen und bunte Farben durch ernstere Töne ersetzt werden, dann ist unser Kind unübersehbar in eine neue Phase seiner Entwicklung getreten. Wollen wir unserem Leben eine neue Richtung geben, haben wir das Bedürfnis, auch unsere »Hüllen« zu verändern. Eine neue Frisur, ein neues Kleid wirken manchmal Wunder. Ein Wohnungswechsel, ein neues Sofa, frisch gesetzte Pflanzen – all das kann Ausdruck eines Neubeginns sein.

Während das Haus uns schützend umgibt, geschieht im Garten der allmähliche Übergang vom Privatleben in die Öffentlichkeit, von Innen nach Außen. Geräusche dringen direkter an unser Ohr, wir spüren Wind, Sonne und Regen, wir sehen den freien Himmel über uns, beobachten Vögel und Tiere oder grüßen den Nachbarn über den Zaun. Gleich einer Membran lässt der Garten das Innere allmählich nach draußen, das Äußere nach innen diffundieren.

Unser Zuhause betrachten wir nicht nur als einen sicheren Hafen, wohin wir uns zurückziehen können, sondern auch als unsere Visitenkarte. »Zeige mir wie Du wohnst und ich sage Dir, wer Du bist« – sagt der Volksmund. Haus und Garten geben uns in einmaliger Weise Gelegenheit unser Selbst auszudrücken und uns als Schöpfer zu fühlen. Wir gestalten unsere Umgebung entsprechend unserem Charakter, dem sozialem Umfeld und den finanziellen Möglichkeiten. So verschieden die Menschen sind, so verschieden sind ihre Gärten und Häuser.

Der Garten als eigenständiger Mikrokosmos lädt uns beharrlich zur Zwiesprache mit der Natur ein. Er verändert sich stets, ob wir wollen oder nicht, und bringt uns unmittelbar mit dem Geheimnis der Schöpfung in Berührung. Die Wandlung einer Blume vom ersten Spross bis hin zur Welke, die überraschende Entdeckung eines Mäusenestes beim Umsetzen des Kompostes und die schmerzliche Erfahrung, dass die Mäusebabies sterben müssen. Dieses Berührtsein durch die Natur kann auf uns Menschen eine wohltuende, sogar heilsame Wirkung haben.

Ein Haus ist...
die bescheidene Arbeiterwohnung
die vornehme Villa zur Repräsentation
das von Pflanzen umwucherte Hexenhäuschen
das bodenständige Bauernhaus
die unkonventionelle Studentenwohnung
das gehegte Feriendomizil
....

Ein Garten ist...
der verträumte Dachgarten mitten in der Stadt
der sauber gepflegte Ziergarten um das Einfamilienhaus
der fruchtbare Gemüsegarten
der farbenprächtige Balkon einer Mietwohnung
der wilde Naturgarten
der botanische Liebhabergarten
....

Kann ein Haus ebenso heilsam auf uns Menschen wirken? Die Forderung nach gesunden Baumaterialien, schadstoffarmen Räumen und störfreien Schlafplätzen sind heute mittlerweile im Bewusstsein vieler Menschen. Die Suche nach Kriterien, die darüber hinausgehen, führt viele Leute zum Fengshui.

Sind wir in der Lage, das eigene Haus und den eigenen Garten selbst zu planen, können wir das Fengshui von Anfang an in unsere Überlegungen einbeziehen. In der anstrengenden Zeit der Planung sind unzählige Entscheidungen zu fällen und wir fühlen uns zeitweise überfordert. Hier kann sich das Fengshui als hilfreich erweisen. Trennen wir uns auf Grund des Fengshui von schon lieb gewonnenen Ideen, stellen wir oft erfreut fest, dass die neuen Lösungen unerwartete, qualitative Verbesserungen mit sich bringen.

Vom Menschen belebt
Wir können die gesundesten Materialien verwenden, alle astrologischen Gegebenheiten optimal nutzen, die richtigen Farben wählen, die schönsten Bäume pflanzen, aber etwas dürfen wir nicht außer Acht lassen: Haus und Garten sind mehr als eine Ansammlung zusammengefügter Baumaterialien und Pflanzen. Für den Geist eines Hauses und für die Stimmung in einem Garten ist es wesentlich, unter welchen Umständen sie entstehen. Doch mehr als der Garten braucht das Haus die Menschen, die es planen, bauen und beleben. Ob die Menschen unter Kosten- und Termindruck, zähneknirschend und streitend oder motiviert, hilfsbereit und mit Stolz an der Arbeit sind, prägt die Atmosphäre des Hauses und Gartens mit.

Zur Haustaufe

Haben Sie sich schon darüber Gedanken gemacht,
wie viel menschliche Energie in Ihrem Haus steckt,
wie viele Menschen mit ihrem Haus
verwoben sind?

Wie viele Menschen
haben nachgedacht, geträumt, gerechnet, diskutiert,
Entscheidungen getroffen und wieder verworfen…?

Wie viele Menschen
haben kontrolliert, bewilligt, verboten,
vorgeschrieben, abgeändert…?

Wie viele Menschen
haben abgebrochen, geschleppt, gemauert, gesägt,
gehämmert, geschweißt,
geschraubt, gestrichen, montiert und demontiert,
verlegt, gereinigt…?

Wie viele Menschen
haben zusammen geschwitzt, gelacht,
gestritten, gefeiert,
Freundschaften geschlossen, sich verfeindet…?

Wie viele Menschen
haben Hand in Hand dieses Werk erschaffen…?

Wie viele Menschen
werden dieses Haus bestaunen, bewundern,
ablehnen, besuchen, bewohnen.
Es lieb gewinnen…?

Wie viele Menschen haben dieses Haus schon
belebt?
Wie viele Menschen werden dieses Haus noch
be-Leben?

Im Rahmen des Möglichen
Bei der Verwirklichung unserer Vorstellungen stoßen wir früher oder später an Grenzen. Das Projekt des Hauses ist zu kostenaufwendig oder wir sind von der Arbeit in Haus und Garten überfordert. Auch die Natur kann unsere Absichten durchkreuzen. Die Schnecken kommen uns bei der Ernte der frischen Salatpflänzchen zuvor und die sehnlichst erwartete Blüte einer Clematis bleibt durch einen spät einsetzenden Frost aus.

Nur wenige von uns haben die Gelegenheit, ihr Zuhause selbst zu planen. Viele leben in Häusern oder Wohnungen, die sie gemietet haben oder in denen sich kaum etwas verändern lässt. Wir wohnen in einem städtischen Mehrfamilienhaus mit einem kleinen, asphaltierten Hinterhof und träumen von einem schönen Garten mit üppigem Grün und einem plätschernden Bach, die uns im Sinne des Fengshui jeden Tag mit frischer Energie aufladen. In unserer Wohnung liegt die Türe zur Toilette ausgerechnet gegenüber unserer Eingangstüre. Wir wissen, dass dies nach Fengshui eine ungünstige Situation ist, haben aber keinerlei Möglichkeit die Anordnung der Türen zu verändern. Richten wir uns ein, wollen wir unsere ersten, selbstgekauften Möbel, die noch brauchbar sind, oder unsere geerbten Familienstücke wegen einer neuen Idee nicht einfach wegwerfen.

Das Fengshui geht von der entscheidenden Annahme aus, dass die Ebene der Materie und die der Schwingungen nicht nur untrennbar miteinander verbunden sind, sondern sich in beiden auch dieselben Grundprinzipien manifestieren. Sind konkrete Verbesserungen nicht möglich, können wir auf die Ebene der Schwingungen hinüberwechseln. Wir hängen zwischen der Eingangstüre und der gegenüberliegenden Toilette ein kleines Windspiel auf. Es lenkt mit seinen drehenden Bewegungen den unerwünschten Energiefluss zwischen den beiden Türen um und hilft so die ungünstige Situation zu entschärfen. Ein schönes Bild einer bunten Blumenwiese, eines sonnendurchfluteten Waldes im Frühling und eines rauschenden Wasserfalles ersetzen nicht den Spaziergang in der Natur und das fehlende Wassergeplätscher im Hinterkopf, erzeugen aber ebenfalls belebende Energien.

Das Fengshui kennt viele subtile Hilfsmittel, wie Gutes verstärkt und Ungünstiges verbessert werden kann. Spiegel, Kristalle, Pflanzen, Farben, Beleuchtung und vieles mehr werden eingesetzt, um Energien zu fördern, zu beleben, auszugleichen, umzulenken oder zu ergänzen.

Fengshui endet nicht beim Gartenzaun
Jeder Mensch hat seine eigene Vorstellung darüber, was glücklich und sinnerfüllt leben bedeutet. Eingespannt zwischen unserem familiären Hintergrund und unseren jetzigen Lebensumständen, versuchen wir alle, unsere Ideale in Beziehungen, Berufen und Hobbies, aber auch in unseren Häusern, Wohnungseinrichtungen und Gärten zu verwirklichen. Der Wunsch, mit Hilfe des Fengshui das eigene Leben positiv zu verändern,

Eine Landschaft verändert sich

Eine Landschaft in der nördlichen Schweiz verändert sich im Zeitraum von sechzig Jahren. Was lässt sich in Bezug auf das Fengshui darüber aussagen?

1930
Das bewirtschaftete Land ist stark gegliedert. Kleinere Felder und Wiesen werden durch Hecken mit einheimischen Sträuchern und Kleinbäumen begrenzt. In dieser Kleinräumigkeit ist das Spiel von leer und voll, von flach und aufragend, also von Yin und Yang, fein und auch im Kleinen ausgeglichen. Weiche Übergänge, die für einen gemächlichen Qi-Fluss sorgen, sind durch die natürlichen Hecken gegeben. Ebenso weich und fließend gestaltet sich der Übergang vom freien Feld zum geschlossenen Wald. Das offene Feld wird begrenzt durch einen Saum von Kräutern und Gräsern. Daran schließen sich niedere und höhere Sträucher an, welche sich schützend vor die kleinen und großen Waldbäume stellen. Die Lebensräume, welche die verschiedensten Tiere in den Hecken und im Waldrand finden, durchziehen wie ein feinmaschiges Netz die Landschaft. Im Frühling und im Herbst bietet sich dem Auge ein eindrückliches Schauspiel. Blüten und Blätter in den verschiedensten Formen und Farben verwandeln die Landschaft in immer neue, farbenprächtige Gemälde.

Wir können uns auch vorstellen, dass ein kräftiger Wind, der über das Land zieht, durch die gliedernden Hecken aufgehalten und durch den schützenden, stufenartigen Waldrand leicht über die Gipfel geleitet wird. Der Wind kann sich in dieser Landschaft ähnlich wie das lebensspendende Qi bewegen: gehalten, gelenkt und in Windungen.

Gegliederte Landschaft: abgestufter Waldrand

1990
Das bewirtschaftete Land ist ausgeräumt. Ein durchgehendes, großes Feld erstreckt sich über den ganzen Abhang. Ein Weg trennt Feld und Wald. Der Heckenraum ist verschwunden, schroff und unmittelbar ragen die Bäume des Waldes ungeschützt in die Höhe.

In dieser Landschaft zeigen sich die beiden Urkräfte dominant und einseitig. Die übermächtige Yin-Energie des weiten und leeren Feldes wird durch nichts unterbrochen oder gemildert, und auch der Übergang von Feld zu Wald ist schroff geworden. Verschwunden sind die geschützten Lebensräume und mit ihnen die lebendige Struktur, die das Qi einer Landschaft trägt, gliedert und hält. Zwar zeigen sich im Wachstum und im Wechsel der Feldfrüchte die Jahreszeiten, verschwunden sind aber die farbenfrohen Inseln von Sträuchern und Bäumen und die abwechslungsreichen Schauspiele der früheren Jahre.
Wir können uns vorstellen, wie ein kräftiger Wind ungebremst über das leere Feld hinwegfegt und mit großer Heftigkeit zwischen die bloß stehenden Baumstämme des Waldes dringt. Er bewegt sich ähnlich wie die lebensfeindliche Sha-Energie: ungehalten, zu schnell und zu gerade.

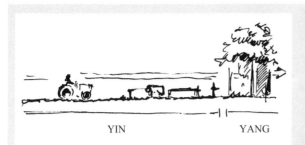

Ausgeräumte Landschaft, schroff aufsteigender Waldrand

YIN   YANG

Das Qi dieser Landschaft hat sich im Zeitraum von sechzig Jahren sehr verändert, wobei der größte Einfluss zweifellos vom Menschen ausgegangen ist. Neue Technologien in der Landwirtschaft und der Druck der Wirtschaftlichkeit haben maßgebend zur Umgestaltung der Landschaft und zum enormen Verlust natürlicher Qualitäten beigetragen. Nehmen wir die alten, bildhaften Vorstellungen vom Wirken der beiden Urkräfte und der Lebenskraft Qi zu Hilfe, erhalten wir wertvolle Anleitungen und Hilfestellungen, um zeitgemäße Forderungen zum Schutze von Natur und Landschaft zu formulieren.

mag für viele das Hauptinteresse an dieser alten Lehre sein. Tatsächlich finden wir darin zahlreiche Hilfestellungen und diese für sich zu nutzen, ist sinnvoll und empfehlenswert. Suchen wir aber im Fengshui ausschließlich Garantien für Erfolg und Anleitungen für Gewinnoptimierungen, werden wir der Tiefgründigkeit dieser alten Lehre nicht gerecht.

Fengshui begreift den Menschen nicht nur als Individuum, sondern als Teil der Natur und des ganzen Universums. Jeder Mensch hat die Möglichkeit, zu seinem Glück selbst beizutragen, indem er sich in die universalen Gesetzmäßigkeiten einfügt und sein Denken und Handeln nach ihnen ausrichtet. Dieses ganzheitliche Denken bedeutet auch, dass wir unser eigenes Glück auch als Teil eines größeren Glückes verstehen müssen. Unsere Existenz bindet uns Menschen in viele Ordnungen ein – in die Familie, in die Gesellschaft, in die Kultur, in die Natur, in das Sonnensystem. Wir sind alle Teile verschiedener Systeme, miteinander verbunden und voneinander abhängig.

Gemessen an den Zeitdimensionen des Universums dauert ein Menschenleben einen Augenblick. Für die Zeit seines Daseins findet der Mensch in seinem Körper ein physisches Zuhause, er pflegt, nährt und kleidet ihn mit den Erzeugnissen der Erde. Am Ende seines Lebens kehrt seine Hülle zurück zur Erde. Genauso entstehen und vergehen Häuser und Gärten, auch wenn sie uns Menschen überdauern. Der Kreislauf des Lebens kann aber nur weitergehen, wenn die ökologische Basis der Erde bestehen bleibt. Alles, was wir ihr entnehmen, sollte von ihr erneuert, alles, was wir auf ihr zurücklassen, wieder von ihr aufgenommen werden können. In der Zeit, als das Fengshui entstand, war die

Wo früher der Apfelbaum blühte

Ein Haus bekommt seine Energie allein durch den Menschen, während ein Garten auch von Pflanzen und Tieren belebt wird. Sie leisten ihm sozusagen Gesellschaft. Selbst wenn die pflegende Hand und liebevolle Zuneigung des Menschen im Garten fehlt, strahlt dieser in seiner verwilderten Schönheit eine lebhafte Stimmung aus. Ohne den Menschen kommt sein Eigenleben sogar stärker zum Ausdruck. Schließlich ist es eine Frage der Zeit, wann der Eindruck eines Gartens völlig verschwindet. Häufig ist es nur geschulten Augen möglich, diese frühere Existenz zu erkennen. So könnte ein Wanderer in den Tessiner Bergen durch terrassiertes, dicht bewaldetes Gelände streifen, ohne zu ahnen, dass hier vor rund 50 Jahren eine bergbäuerliche Kultur mit Schafen, Ziegen, Kühen und Gemüsegärten blühte.

Ebenfalls eine Frage der Zeit ist es, wann die Natur Einzug in ein Haus hält. Je nach Gebäude und umgebendem Gelände dauert es mehr oder weniger lang. Ist dies geschehen, beginnt auch im Haus ein neues Leben. Vögel bauen Nester in den Mauerlöchern, Tiere suchen Schutz vor Kälte und Nässe und Pflanzen geben dem Haus ein neues Kleid. Das Bild, das die Natur präsentiert, tritt allmählich in den Vordergrund. Die Grundmauern eines Hauses oder einer Siedlung zeugen zwar noch lange von der menschlichen Anwesenheit, aber die Vorstellung, wie das alles ausgesehen hat, fällt den nachfolgenden Generationen immer schwerer.

Natur mit Luft und Wasser, Pflanzen und Tieren die nährende und sich selbstverständlich erneuernde Lebensgrundlage für die Menschen. Geringe Bevölkerungsdichten und einfache Technologien stellten für die ökologischen Kreisläufe keine Bedrohung dar. Am Ende des zweiten Jahrtausends steht die Menschheit vor existenziellen Fragen, die den gesamten Lebensraum unseres Planeten betreffen. Das Fengshui lehrt uns, in wandelnden Kreisläufen und vernetzten Ordnungen zu denken. Dies sind Denkansätze, die besonders für unsere heutige Zeit aktuell und richtungsweisend sind.

Wie in den großen Dimensionen, stehen wir auch im kleinen Maßstab unseres täglichen Lebens immer wieder vor der Entscheidung, inwieweit wir die Gesetzmäßigkeiten der Natur beachten sollen. Unsere hochentwickelte Technologie verleitet uns zur Illusion der Machbarkeit. Naturgemäße Gegebenheiten werden gegenüber Ansprüchen an Bequemlichkeit, Schnelligkeit und Selbstverwirklichung in den Hintergrund gedrängt. Beim Bauen erlauben moderne Baumaterialien und Konstruktionsweisen uns über die Beschränkungen früherer Zeiten hinwegzusetzen. In unserem Garten ermöglichen chemische Produkte und intensivste Pflege, die lebendigen Regungen der Natur weitgehend in den Griff zu bekommen. Es liegt an uns, den Weg zwischen Förderung und Beherrschung der Natur zu finden und im Sinne des Fengshui, durch die bewusste Gestaltung unserer Umwelt, für die Welt von morgen verantwortlich zu handeln.

Schlusswort der Autorinnen

Unsere Ausführungen stellen lediglich einen kleinen Auszug aus den Lehren des Fengshui dar.

Wir hoffen, mit diesem Buch dem Leser eine Tür zur faszinierenden Gedankenwelt des Fengshui geöffnet zu haben. Wir hoffen auch, dass es uns gelungen ist, immer wieder auf die Brücken zwischen dieser alten, östlichen Lehre und unserem modernen, westlichen Alltag hinzuweisen.

Zum Schluss:

DIE WEISHEIT DES FENGSHUI

Schaue auf das Sichtbare
und betrachte das Unsichtbare.

Begreife Dich selbst als Teil
eines Ganzen.

Benenne die Kräfte, die
Dein Leben bewegen.

Erkenne die Ordnung,
die im Großen, wie im Kleinen wirkt.

So findest Du Deine Mitte
und die Mitte aller Dinge.

Ein Buch – Vier Autorinnen

Daniela Guex-Joris wurde 1953 geboren, wuchs in der deutschen Schweiz, in Basel auf. Ihr Architekturstudium führte sie nach Zürich, wo sie heute noch lebt. Sie ist verheiratet und Mutter eines Kindes.

Marta Tasnady wurde 1951 in Ungarn geboren, wuchs in Budapest auf, wo sie einen Teil ihres Architekturstudiums absolvierte. Ihre Heirat führte sie nach Zürich, wo sie das Architekturstudium abschloss und seither lebt. Sie ist Mutter von drei Kindern.

Daniela Guex-Joris und Marta Tasnady führen seit 1980 ein eigenes Architekturbüro. Mit den zentralen Themen des Fengshui, wie Umgebung, Räume und Formen auf Menschen wirken, sind sie durch ihre jahrelange Erfahrung im Bauen bestens vertraut. Die Begegnung mit dem Fengshui und dessen Studium erleben sie als faszinierende Erweiterung und Vertiefung ihrer Arbeit. Nebst Planung und Vorbereitung von Bauvorhaben bieten sie Beratungen nach Fengshui-Prinzipien und Seminare an.

Erika Basin, 1956 in München geboren, schloss 1977 ihr Studium der Landespflege in München ab. Seit mehreren Jahren lebt sie in der Schweiz, ist verheiratet und Mutter zweier Kinder. Nach ihrer vorwiegend freiberuflichen Tätigkeit in Berlin ist sie Mitarbeiterin einer privaten Stiftung und spezialisierte sich auf den Gebieten der naturnahen Garten- und Landschaftsplanung sowie der Ökopädagogik.

Michèle Sandoz, geboren 1966 in Harare (Zimbabwe) und in der französischen Schweiz aufgewachsen, befasst sich seit einigen Jahren intensiv mit der Erforschung chinesischer Gärten. Während ihres Studiums der Sinologie und der ostasiatischen Kunstgeschichte an der Universität Zürich lebte sie drei Jahre in Taiwan und in China. Zur Zeit arbeitet sie als Expertin für chinesische und japanische Kunst in Zürich.

Wir danken

- Daniela Guex-Joris und Marta Tasnady:

Ein großer Dank geht an unsere Ehemänner. Einmal mehr konnten wir auf den künstlerischen Einsatz von Imre Tasnady zählen. Mit Geduld und Sorgfalt hat er für uns alle Zeichnungen in diesem Buch angefertigt. Markus Schweizer hat mit Ausdauer und kritischem Blick alle unsere Texte durchgelesen. Seine scharfsinnigen Kommentare haben uns viele wertvolle Anstöße gegeben. Auch unseren Kindern sei Dank, dass sie ihre gestressten Mütter so gut ausgehalten haben.

Wir danken den Teilnehmern und Teilnehmerinnen unserer Seminare. Ihr Interesse und ihre Offenheit haben uns unsere eigene Faszination in Erinnerung gerufen, ihre Fragen uns angehalten, unser Wissen zu vertiefen. Wir danken den Menschen, die zu einer Beratung zu uns gekommen sind. Sie haben uns ermöglicht, unsere Erfahrungen zu erweitern, und uns oft mit ihrer Freude über gelungene Lösungen beschenkt.

Besonderen Dank geht auch an unseren Lehrer, William Spear. Auf eine überzeugende Art hat er uns in die Welt des Fengshui eingeführt, unsere Neugier und Faszination geweckt und unsere ersten Schritte begleitet.

- Erika Basin:

Ich danke meinem Mann Andreas für seine anerkennende und verständnisvolle Haltung der Bucharbeit gegenüber und für seine konstruktive inhaltliche Kritik.

Meinen beiden Kindern bin ich dankbar, dass sie mich stets mit gutem Gefühl an diesem Buch arbeiten ließen. Großen Dank schulde ich auch meiner Schwiegermutter für die zahlreichen, liebevollen Einsätze zum Kinderhüten und im Haushalt, ebenso Hanna für ihre begeisternde Spielgruppenleitung. Danken möchte ich auch vielen meiner Freunde für ihre aufmunternden Gespräche.

- Michèle Sandoz:

Zu danken habe ich der Stadt Zürich, die es mir ermöglichte, an der Entstehung ihres Chinagartens teilzuhaben und mir großzügig Pläne des Gartens zur Verfügung stellte.

Zur Seite standen mir: Maria Angela Algar mit ihren wertvollen Anregungen, Hans-Peter Stamm als kritischer Diskussionspartner, Stefan Sandoz-Mey mit seiner sorgfältigen Durchsicht meines Manuskriptes sowie meinem Mann Cyril, der mit stets mit seiner guten Laune zur Seite stand. Ihnen gebührt mein Dank.

Zusammen danken wir auch unserem Verleger, Herrn Kurt Walter Lau, der uns mit unbeirrbarer Hartnäckigkeit zum Schreiben dieses Buches verleitet hat.

Adresse:
Achitektur und Fengshui, Daniela Guex-Joris und Marta Tasnady, Bergstraße 58, CH-8706 Meilen, Telefon (00 41) 1 923 61 20, Fax (00 41) 1 923 63 74.

Literatur

Bauer, Wolfgang: *China und die Hoffnung auf Glück.* Paradiese, Utopien, Idealvorstellungen in der Geistesgeschichte Chinas. München 1989.
Bruce-Mitford, Miranda: *Zeichen & Symbole.* Die verborgene Botschaft der Bilder. Stuttgart und Zürich 1997.
Clunas, Craig: *Fruitful Sites.* Garden Culture in Ming Dynasty China. London 1996.
Eberhard, Wolfram: *Lexikon Chinesischer Symbole.* Geheime Sinnbilder in Kunst und Literatur, Leben und Denken der Chinesen. Köln 1983.
Eitel, Ernst J.: *Feng-Shui oder die Rudimente der Naturwissenschaft in China.* Waldeck-Dehringhausen 1983.
Feuchtwang, Stephen D. R.: *An Anthropological Analysis of Chinese Geomancy.* Vientiane, Laos 1974.
Frutiger, Adrian: *Der Mensch und seine Zeichen.* Schriften, Symbole, Signete, Signale. Paris 1978.
Gothein, Marie Luise: *Geschichte der Gartenkunst.* Jena 1926.
Hammerschmidt, Valentin und Wilke, Joachim: *Die Entdeckung der Landschaft.* Englische Gärten des 18. Jahrhunderts. Stuttgart 1990.
Ji Cheng: *The Craft of Gardens* (Yuanye zhushi). New Haven and London 1988.
Johnston, Stewart R.: *Scholar Gardens of China.* A Study and Analysis of the Spatial Design of the Chinese Private Garden. Cambridge 1991.
Jordan, Harald: *Räume der Kraft schaffen.* Ihr Zuhause als Ort der Kraft, der Kreativität und der Zuflucht. Freiburg in Breisgau 1997.
Keller, Herbert: *Kleine Geschichte der Gartenkunst.* Berlin und Hamburg 1976.
Keswick, Maggie: *Chinesische Gärten.* Geschichte, Kunst und Architektur. Stuttgart 1989.
Knapp, Roland G.: *The Chinese House.* Craft, Symbol, and the Folk Tradition. Hongkong, Oxford and New York 1990.
Lam Kam Chuen: *Das Feng Shui Handbuch.* Sulzberg 1996.
Linn, Denise: *Die Magie des Wohnens.* Der westliche Weg ganzheitlichen Wohnens und Bauens. München 1996.
Merz, Blanche: *Die Seele des Ortes.* München 1988.
Meyer, Hermann und Sator, Günther: *Besser Leben mit Feng Shui.* Wohnen und Arbeiten in Harmonie. München 1997.
Kushi, Michio: *Neun-Sterne-Ki-Astrologie.* Völklingen 1984.
Lip, Evelyn: Feng Shui. London 1995.
Archiv für Schweizer Gartenarchitektur und Landschaftsplanung (Hrsg.). *Vom Landschaftsgarten zur Gartenlandschaft.* Zürich 1996.
Rossbach, Sarah: *Feng-Shui.* Die chinesische Kunst des gesunden Wohnens. München 1989.
Rossbach, Sarah: *Die Zukunft bauen.* München 1990.
Rossbach, Sarah und Lin Yun: *Feng-Shui.* Farben und Gestaltung. München 1996.
Sator, Günther: Feng Shui. *Leben und Wohnen in Harmonie.* München 1997.
Sirén, Osvald: *Gardens of China.* New York 1949.
Skinner, Stephen: *The Living Earth Manual of Feng-Shui.* London 1989.
Spear, William: *Die Kunst des Feng Shui.* Optimale Energie durch Gestaltung des Lebensraums. München 1996.
Too, Lillian: *Das Große Buch des Feng Shui.* Die Chinesische Kunst der Raumgestaltung für Erfolg, Gesundheit und ein Harmonisches Leben. München 1997.
Walters, Derek: Feng Shui. Kunst und Praxis der Chinesischen Geomantie. Zürich, St. Gallen und Chur 1990.
Walters, Derek: *Die Kunst des Wohnens.* München 1993.
Walters, Derek: *Das Feng Shui Praxisbuch.* München 1996.
Waring, Philippa: *Vom Richtigen Wohnen.* In Harmonie Leben mit Feng Shui. München 1995.
Wilhelm, Richard (Übers.): *I Ching oder das Buch der Wandlung.* München 1973.
Williams, C. A. S.: *Outlines of Chinese Symbolism and Art Motives.* Schanghai 1932.
Wimmer, C. A.: *Die Gärten des Charlottenburger Schlosses.* Berlin 1985.

»Highlights« aus dem OLV Verlag

GEHEIMNISSE DER FRUCHTBAREN BÖDEN
Erhard Hennig
208 Seiten
Softcover
ISBN 3-922201-09-1

MEINE MISCHKULTUREN-PRAXIS
Margarete Langerhorst
144 Seiten
Softcover
ISBN 3-922201-21-0

NATURBAUTEN AUS LEBENDEN GEHÖLZEN
Konstantin Kirsch
128 Seiten
Hardcover
ISBN 3-92201-17-2

PERMAKULTUR KURZ & BÜNDIG
Patrick Whitefield
79 Seiten
Softcover
ISBN 3-922201-15-6

IN HARMONIE MIT DEN NATURWESEN IN GARTEN, FELD UND FLUR
Eike Braunroth
208 Seiten,
Hardcover
ISBN 3-922201-12-1

GÄRTNERN IM BIOTOP MIT MENSCH
Gerda und Eduard W. Kleber
328 Seiten,
Hardcover
ISBN 3-922201-31-8

BAUEN MIT BALLEN WOHN- UND NUTZGEBÄUDE AUS GEPRESSTEM STROH
Harald Wedig (Hrsg.)
80 Seiten,
Softcover
ISBN 3-922201-34-2

DAS GROSSE HANDBUCH WALDGARTEN
Patrick Whitefield
180 Seiten,
Softcover
ISBN 3-922201-25-3

OLV Organischer Landbau Verlagsgesellschaft mbH
Postfach 11 39, D-46509 Xanten
Telefon 0 28 01-7 17 01, Telefax 0 28 01-7 17 03
E-Mail OLV_Verlag@t-online. de

NATÜRLICH GÄRTNERN

Das weiterführende Magazin für ökologisch orientierte Häusgärtner, Gartenselbstversorger, Pflanzenliebhaber und andere Naturfreunde.

Profitieren auch Sie von den vielen Praktiker-Tips und Empfehlungen, für jedermann verständlich geschrieben.

EINIGE THEMENBEISPIELE:
- **Bodenpflege und -biologie**
- **Kompostwirtschaft und Düngung**
- **Pflanzenpflege**
- **Nutzpflanzenarten und -sorten**
- **Natur-, Gehölz- und Blumengarten**
- **Permakultur national und international**
- **Natur-, Tier- und Umweltschutz**
- **Gesunde Ernährung**
- **Anders leben**

ZUKUNFTSTHEMA PERMAKULTUR
- die Kräfte und Energien der Natur auf kleinstem Raum im Selbstversorgergarten für Mensch, Tier und Pflanzen sinnvoll nutzen
- Serien und Rubriken in Hülle und Fülle

OLV Organischer Landbau Verlagsgesellschaft mbH
Postfach 1139, D-46509 Xanten
Telefon: 0 28 01-7 17 01, Telefax: 0 28 01-7 17 03
E-Mail: OLV_Verlag@t-online. de